Eduard von Hartmann

Schellings positive Philosophie als Einheit von Hegel und

Schopenhauer

Eduard von Hartmann

Schellings positive Philosophie als Einheit von Hegel und Schopenhauer

ISBN/EAN: 9783744630047

Hergestellt in Europa, USA, Kanada, Australien, Japan

Cover: Foto ©ninafisch / pixelio.de

Weitere Bücher finden Sie auf **www.hansebooks.com**

Schelling's positive Philosophie

als

Einheit von Hegel und Schopenhauer.

Von

E. v. Hartmann.

BERLIN

Otto Loewenstein

1869.

Inhalt.

Einleitung.

Was ist die Philosophie der Gegenwart, was ist das für uns als bleibender Gewinn sich ergebende Resultat der historischen Entwicklung der philosophischen Principien, und wo ist es zu suchen?

Diese Fragen werden von Verschiedenen sehr verschieden beantwortet. Die Einen weisen uns auf Kant, als die wahre unversiegbare Quelle aller ächten philosophischen Forschung hin. Wenn diese Hinweisung so viel heissen soll, als die Gebildeten der Nation bei Kant in die Schule zu schicken, um bei diesem ihr Eindringen in die Philosophie zu beginnen, so lässt sich gewiss nichts dagegen sagen; wenn aber damit der Anfang jener mit der französischen Revolution gleichzeitig beginnenden Revolution des deutschen Geistes zugleich als ihr Ende hingestellt werden soll, wenn die auf diesen Anfang folgende Entwickelung für werthlos und nichts zu Tage fördernd erklärt werden soll, dann muss man im Namen der Geschichte und Wissenschaft dagegen protestiren.

Andere preisen uns die Hegel'sche Philosophie als die Spitze der von Kant anhebenden Entwickelung an, und sehen in seinem System die absolute Wissenschaft, über die kein Hinausgehen mehr möglich ist. Sehen wir uns diese Rathgeber näher an, so finden wir in ihnen die letzten Ueberreste einer dereinst tonangebenden grossen Schule, Männer, die durch Hegels persönliche Lehre oder die kurz nach seinem Tode herrschende Begeisterung angefeuert, seiner Fahne zugeschworen haben und derselben treu geblieben sind. Schon lichten sich ihre Reihen mehr und mehr, und nach

1

ihnen dürften sich wohl nur wenige finden, welche im Hegelianismus das Heil der Wissenschaft erblicken.

Eine dritte Partei weist uns auf den heller und heller strahlenden Stern jenes Frankfurter Sonderlings, der die ganze übrige nachkantische Philosophie als reinen Unsinn negirt und sein System als die wahre Erfüllung des von Kant Angestrebten einführt. Die Art und Weise, in welcher Schopenhauers Gedanken sich mehr und mehr Bahn brechen, deutet indessen darauf hin, dass es mehr seine populären und geistreichen Nebensachen sind, welchen die verdiente Anerkennung zu Theil wird, als das von ihm vertretene Princip. Wie viele auch Schopenhauers Schriften lesen und loben mögen, so wird sich doch schwerlich einer unter ihnen einen Schopenbauerianer nennen wollen.

Eine vierte an Zahl nicht geringe Partei hat Herbarts Namen auf ihre Fahne geschrieben, und verdankt ihren Einfluss auf die Gegenwart wohl wesentlich dem Umstande, dass sie dem Empirismus der modernen Wissenschaft sein Recht lässt und sich mit demselben mehr oder weniger verbündet hat; sie sucht dem entsprechend auch weniger in den metaphysischen Principien, als in angewandter Philosophie (Psychologie, Pädagogik, Naturwissenschaften) sich zu bethätigen. Aber leider sind wiederum alle andern philosophischen Parteien darüber einig, dass Herbart kein Stern erster Grösse ist, und die doppelte Buchführung von Glauben und Wissen, welche derselbe verlangt, ist nicht geeignet, einheitlich veranlagte Naturen endgültig zu befriedigen.

Endlich zeigen sich uns noch einige kleinere Schulen von mehr örtlich beschränkter Bedeutung, wie z. B. die Baader's, Krause's u. s. w., welche bei allem Achtungswerthen, was in ihren Kreisen geleistet wird, bis jetzt ebenso wenig wie die synkretistischen oder selbständigen Versuche Anderer im Stande gewesen sind, sich eine allgemeinere Geltung und durchgreifende Anerkennung zu erobern.

Unter so bewandten Umständen scheinen diejenigen fast entschuldigt, welche die ganze vorangestellte Frage negativ beantworten und die zeitweiligen Erfolge gewisser Systeme nur äusserlichen Nebenumständen, nicht einer, wenn auch nur relativen Wahrheit ihrer Principien zuschreiben. Gleichwohl wird derjenige, welcher den Glauben an eine vernünftige historische Entwickelung auch auf das Gebiet der Wissenschaft ausdehnt, zumal wenn er sich durch eigene Anschauung von dem organisch gegliederten Entwickelungsgange der Philosophie überzeugt hat, nicht im Stande sein, einer

solchen Meinung beizupflichten, vielmehr durch diese historische
Auffassung allein schon auf Hegel und Schopenhauer, als die
Spitzen der bisherigen Entwicklung, sich hingewiesen finden. Diese
beiden verhalten sich durchaus antipodisch zu einander; Schopenhauer findet in Hegels Lehre nichts als lauter widerwärtige Char-
latanerie, die er nicht genug zu schmähen weiss, und Hegel würde
wahrscheinlich Schopenhauers Denkweise für die werthlose Spielerei
eines Dilettanten ohne jede philosophische Anlage erklärt haben,
wenn er sie gekannt hätte. Beide schliessen eben einander aus,
jedem hört das Verständniss da auf, wo die Grenze des Gebiets
des Andern anfängt, so dass jeder für den Andern von unverständlichen Dingen in einer unverständlichen Sprache spricht. —
Sollte aber nicht gerade diese Polarität beider in Verbindung mit
ihrer Stellung an den Spitzen zweier von Kant ausgehenden Zweige
der Entwickelung zu dem Gedanken führen, dass beide zusammen
erst das ganze Resultat des Vorangehenden ziehen, dass keiner
für sich allein genügt, weil er eben einseitig ist und des Andern
zu seiner Ergänzung bedarf? Sagt doch Hegel selbst (Werke XV.
S. 619): „Wo mehrere Philosophien zugleich auftreten, sind es
unterschiedene Seiten, die eine Totalität ausmachen, welche ihnen
zu Grunde liegt." Schopenhauers: „Die Welt als Wille und Vorstellung" und Hegels Encyclopädie, welche beider Hauptwerke repräsentiren, erschienen aber in der That fast gleichzeitig.

Aber gesetzt, es verhielte sich so, dass beide zusammen die
Wahrheit enthalten, wie soll man diese widerstrebenden Elemente
vereinen, wo findet sich der Schlüssel zu dieser schwierigen Aufgabe? Noch in keiner Geschichte der Philosophie sind Hegel und
Schopenhauer als gleichberechtigte Pole anerkannt, sondern meistens
Schopenhauer vernachlässigt oder nur in einer Weise historisch
erwähnt, welche deutlich die Verlegenheit zeigt, ihn in einer organischen Entwickelung einzureihen. Diejenigen aber, welche in
Schopenhauer einen Stern erster Grösse sehen, pflegen sich noch
exclusiver gegen die andere Seite, gegen Hegel zu verhalten. An-
statt selber die Lösung dieser Aufgabe in directer Weise zu versuchen, wenden wir lieber unsern Blick auf ein anderes Stück
Vergangenheit, welches in der That für den Verstehenden diesen
Schlüssel in sich birgt, wenn es auch noch niemand bemerkt hat,
— auf Schelling.

Wenn man heutzutage einem Gebildeten den Namen Schelling
nennt, so denkt er an Naturphilosophie, und damit abgemacht.

Dieses wunderliche Phantasiegebilde, dieser wissenschaftliche Auswuchs der in die lange vergessene Natur sich neu versenkenden Romantik im Ausgange des vorigen Jahrhunderts, ist aber schon seit Jahrzehnten antiquirt, und die moderne Naturwissenschaft, welche gegen diese Hirngespinnste längst ihren Zorn vergessen hat, hat nur noch ein Lächeln für sie übrig. Wer von Schelling nur die Naturphilosophie kennt, der kennt nur eine durch die Zeit der Entstehung entschuldigte Jugendverirrung, deren einziges Verdienst darin bestand, Fichte's subjectivem Idealismus ein naturalistisches Paroli zu bieten. Wer mehr von Schelling weiss, der erinnert sich auch wohl, dass er in seiner späteren Zeit in München und Berlin der katholischen Reaction der Romantiker in die Hände arbeitete, sich den symbolisirenden mythologischen Spielereien anschloss, welche ganz im Sinne Fr. Schlegel's von Creuzer zu einer Blüthe erhabenen Unsinns geführt waren, und mit einer philosophischen Reconstruction des positiven christlichen Dogma's seine Laufbahn beschloss. Es lag diese Reaction ganz im Sinne der Romantik, welche naturgemäss an dem Princip ihrer ersten Periode, der Ironie, und ihren Auswüchsen: der universellen Ironie, der Selbstironie, der Ironie der Ironie und aller dieser Haltlosigkeit einen Ekel bekommen musste, und nun à *tête perdue* sich in das erste beste Positive stürzte. Da aber ihre zersetzende Ironie sich wesentlich gegen das 18. Jahrhundert mit seinem Aufklärungsrationalismus gerichtet hatte, so war es natürlich, dass ihre Sehnsucht nach dem Positiven, da das Neue noch nicht reif war, weiter rückwärts griff, in's Mittelalter, und so zu einer Renaissance des Mittelalters führte. Kein Wunder, dass auch die Philosophie, von der Sehnsucht nach dem völlig verloren gegangenen Positiven erfasst, dieses zunächst in der imposanten Geschlossenheit des mittelalterlichen Dogma's, und der an dasselbe sich anlehnenden mittelalterlichen Philosophie suchte. Wenn Hegel als eine Reproduction des Scholasticismus sich bald wieder in formalistischer Leerheit verlor, und Baader nicht über eine Reproduction des Böhme'schen Mysticismus hinauskam, so zeigt Schelling bereits auf den inductiven Empirismus als das wahrhaft Positive der modernen Zeit hin, kann sich aber niemals so weit aus den Banden der Romantik losmachen, um sein Denken von dem Druck des christlichen Dogma's zu befreien. Diesen letzten philosophischen Versuch, das Dogma *in optima forma* zu restituiren, dankt ihm heute die Wissenschaft so wenig wie seine Naturphilosophie, und die trüben Pfade einer mystischen

Theogonie und Theosophie luden schon, als er sie zuerst der Welt eröffnete, gar wenige zur Nachfolge ein, da schon die Vorboten einer neuen Zeit über die Länder wehten. Alles, was an Schelling ausschliesslich Product der romantischen und Restaurationsperiode war, gehört seiner Zeit, aber was er sonst noch war, gehört der Ewigkeit an.

Es giebt zwei wesentlich verschiedene Arten des philosophischen Talents. Köpfe der einen Art erfassen ein für allemal einen für sie massgebenden Standpunkt, und halten diesen unverrückt fest, indem sie nach allen Richtungen seine letzten Consequenzen ziehen und so ein System des Wissens ausarbeiten; die der andern Art wenden ihre ganze Kraft auf, um sich nur erst über den einzunehmenden Standpunkt zu orientiren, und kommen mit dieser Bemühung nie zu Ende, weil, so oft sie auch das Princip erreicht zu haben glauben, sie bald sich überzeugen, dass dasselbe nur Stufe zum Princip ist, über die hinausgegangen werden muss. Diese letzteren liefern statt eines Systems, das sie immer geben wollen, und doch nie die Ruhe und Selbstgenügsamkeit dazu finden, eine fortlaufende Reihe von Versuchen, die nothwendig etwas Unfertiges, Provisorisches an sich haben müssen. Wenn erstere eine Lehre geben, so bleiben letztere ihr Leben lang Lernende, und liefern mehr eine Propädeutik.

Systematische Geister der ersten Art sind z. B. Aristoteles, Spinoza, Hegel; Suchende der letzteren Art Plato, Schelling. Wenn die stete Unreife und Unfertigkeit der Einen zunächst dazu zu führen scheint, dass man der geschlossenen Ruhe der Andern den Vorzug giebt, so gehört doch andererseits wieder eine gewisse Beschränktheit dazu, sich in dem allemal mehr oder weniger einseitigen Gesichtskreise eines Systems zu verrennen, welches nur noch Erweiterung, nicht mehr Vertiefung zulässt, während jene bei ihrer ewigen Unfertigkeit sich eine solche Freiheit des Denkens zu bewahren im Stande sind, dass ihr beständig fortschreitendes Eindringen in die tiefsten Tiefen nur gleichsam zufällig durch den Tod unterbrochen wird. Trotzdem aber dürfen solche Geister nur Ausnahme sein, denn die Welt hat nur dann von einem errungenen Standpunkt wahrhaften Nutzen, wenn alle seine Consequenzen gezogen werden, weil er nur so wahrhaft überwunden werden kann. Deshalb ist vielmehr jene Beschränktheit, die zum Systematisiren gehört, ein göttliches Geschenk, und ihr Fehlen ein wahrhafter Mangel zu nennen, da die nicht systematisch durchgeführten Standpunkte der Welt erst dadurch nützlich werden, dass ein anderer sich ihrer bemächtigt und sie ausarbeitet. Ich übergehe es, wie Schelling zuerst als blosser Erklärer Fichte's auftrat, wie er dann eine Ergänzung dieses subjectiven Idealismus in der Naturphilosophie suchte (wo an Stelle des Ich das sich objectivirende und aus jeder Objectivation als Subject höherer Stufe zu sich zurückkehrende Subject trat), und von diesen zu einer freieren Bearbeitung des Idealismus zurückkehrte; wie er dann von Spinoza beeinflusst den relativen Idealismus und relativen Realismus als zwei Seiten des absoluten Idealismus zusammenfasste (Einleitung zur 2. Auflage der Ideen zu einer Philosophie der Natur) und diesen zugleich als Panlogismus (dies Wort ist freilich späteren Ursprungs, aber sehr bezeichnend) auseinandersetzte (Darstellung meines Systems der Philosophie, 1801, vgl. Schellings sämmtliche Werke Abth. I. Bd. 4 S. 114—116); wie er endlich von da durch etwas Platonismus und Neuplatonismus hindurch unter Anregung Baader's*) zu Jacob Böhme kam (Abhandlung über die Freiheit 1809) und nun ein kaum unterbrochenes Jahrzehnte langes literarisches Schweigen beobachtete, um seine so abweichenden neuen Ideen in Ruhe reifen zu lassen, während der von Hegel zum allseitigen System ausgearbeitete Panlogismus die Alleinherrschaft über das philosophische Publicum übte. Alles dies ist genügend bekannt, respective in Handbüchern nachzulesen, dagegen sind wenig oder gar nicht seine nach dieser Zeit entstandenen und grösstentheils erst durch die Gesammtausgabe seiner Werke der Oeffentlichkeit übergebenen Leistungen bekannt, zum Mindesten haben sie meines Erachtens noch nicht die verdiente Würdigung gefunden, was allerdings zum Theil der Verfasser selbst durch das störende Beiwerk von Theosophie und kühnen symbolisirenden Auslegungen der Mythologie verschuldet hat, zum Theil aber auch in der Unachtsamkeit zu suchen ist, mit welcher überhaupt die deutsche Nation die Werke derjenigen unter ihren grossen Geistern zu behandeln pflegt, welche sie nicht gerade zu ihren Lieblingen erklärt hat. Die Skizze, welche ich von den Grundlagen der positiven Philosophie Schellings hier zu geben versuche, will weniger eine historisch treue Reproduction sein, welche wohl ebenso wenig Beachtung finden würde wie das Original, sondern ein Auszug desjenigen, welches ich für den ge-

*) Vgl. Prof. Dr. Fr. Hoffmann's „Philosophische Schriften" Bd. 1, Erlangen 1868, No. II.: „Fr. v. Baader in seinem Verhältniss zu Hegel und Schelling."

haltvollen und wahren Kern halte, der in jener wenig einladenden Schale verborgen ist, und der sich auch meinem Auge erst erkennbar zeigte, als ich auf anderen Wegen zu ähnlichen Resultaten gelangt war. Durch dieses Verfahren, welches mich nicht selten zu missbilligender Kritik nöthigen wird, wird auch die positive Philosophie, obwohl sie selbst den Anspruch erhebt, ein System zu sein, dieses Anspruchs entkleidet, und auf einen blossen Standpunkt reducirt, der seiner systematischen Ausführung harrt.

Unzulänglichkeit des Panlogismus.

Wir haben zunächst die Gründe zu betrachten, welche in Schellings Augen den letzterreichten Standpunkt des Panlogismus unzulänglich erscheinen lassen, und ihn nöthigen mussten, über denselben hinauszugehen. Diese Gründe waren hauptsächlich die folgenden drei:

1) war der Panlogismus *a priori* betrachtet ein Dogmatismus; denn wie kommt das reine Denken, das sich doch zur völligen Freiheit erhoben haben muss, ehe es sich unterfangen kann, ein philosophisches Princip aufzustellen, — wie kommt dieses von jedem Vorurtheil frei sein wollende Denken dazu, zu behaupten: Vernunft ist! „Warum ist denn Vernunft, warum ist nicht Unvernunft?" (I. Bd. 10, S. 252.) Was hat denn für das Denken ohne Vorurtheil die Vernunft vor der Unvernunft voraus, woher nimmt sie ein grösseres Recht als jene? „Es ist freilich auf den ersten Blick bequem, gleich anfangs die Vernunft als allgemeine Substanz, als das nothwendig Seiende zu setzen. Aber vielmehr ist die Existenz der Vernunft selbst nur etwas Bedingtes, Positives. Denn warum sollte, absolut gesprochen, das Gegentheil nicht ebenso gut sein können?" (I. 10, 252; vgl. II. 3, 247—48.) „Damit ist allem philosophischen Rationalismus, d. h. jedem System, das die Vernunft zum Princip erhebt, das Fundament zerstört." (II. 3, 248.) Es ist nichts weniger als eine Nothwendigkeit *a priori* im reinen Denken, es ist ein blosses Dogma, die Vernunft als Princip zu setzen und nicht die Unvernunft. Nur der Empirismus könnte *a posteriori* ein solches Princip rechtfertigen; aber gerade er wendet sich auch, wie wir sogleich sehen werden, gegen dasselbe. Der Rationalismus hat nur Eine Entschuldigung für dieses sein Dogma, aber auch diese ist nicht stichhaltig. Er findet nämlich, dass sein Princip die *conditio sine qua non* eines absoluten Erkennens ist, und da es ihm gar nicht

einfällt, dass ein Zweifel an der Existenz eines absoluten Erkennens in diesem Sinne höchst berechtigt sei (vgl. II. 3, 74), so hält
er seinen indirecten Beweis (aus der Unmöglichkeit des absoluten
Erkennens ohne die Annahme seines Princips) für stichhaltig (vgl.
I. 6, 138 ff.), während er völlig in der Luft schwebt. Denn Schelling sagt später (II. 1, 586) ganz richtig: „Es kann nichts helfen,
zu sagen: vom bloss Individuellen ohne das Allgemeine würde es
keine Wissenschaft geben. Ἡ ἐπιστήμη τοῦ καθόλου. Denn warum eben soll Wissenschaft sein?" Auf dieser in der Luft
schwebenden Voraussetzung steht aber die ganze philosophische
Entwickelung seit Kant, der damit begann, aus den Bedingungen
der Möglichkeit synthetischer Urtheile a priori Metaphysik zu
machen. (Vgl. meine Philosophie des Unbewussten, Schluss.)

2) Bei Betrachtung jeder beliebigen Erscheinung bleibt stets
ein rationell nicht auflösbarer, also irrationeller Rest. „Nach der
ewigen That der Selbstoffenbarung ist nämlich in der Welt, wie
wir sie jetzt erblicken, alles Regel, Ordnung und Form; aber immer liegt noch im Grunde das Regellose, als könnte es einmal
wieder durchbrechen, und nirgends scheint es, als wären Ordnung
und Form das Ursprüngliche, sondern als wäre ein anfänglich
Regelloses" (Unvernünftiges) „zur Ordnung" (Vernunft) „gebracht
worden. Dieses ist an den Dingen die unergreifliche Basis der
Realität, der nie aufgehende Rest, das, was sich mit der grössten Anstrengung nicht in Verstand auflösen lässt, sondern ewig
im Grunde bleibt" (I. 7, 359—60; vgl. auch I. 8, 212 Z. 14—21).
Wer an diesem irrationellen Rest jeder Erscheinung zweifeln wollte,
müsste nie mit Frauen zu thun gehabt haben.· In jener „ausserlogischen Natur der Existenz" (II. 3, 95), in jener irrationalen
Basis der Realität, welche den Dingen, deren „Was" oder Wesen
durch die Vernunft bestimmt ist, das „Dass" oder die Existenz
verleiht, erkennen wir ohne Mühe den Willen. „Kein wirkliches
Sein ist ohne ein wirkliches, wie immer näher modificirtes Wollen
denkbar. Dass irgend etwas ist, also das Sein irgend eines
Dinges, erkenne ich nur daran, dass es sich behauptet, dass es
anderes von sich ausschliesst, dass es jedem anderen, in es ein-
zudringen, oder es zu verdrängen Suchenden Widerstand entgegen-
setzt. ... Widerstand aber liegt eigentlich bloss im Wollen; nur
der Wille ist das eigentlich Widerstehende, und zwar das unbe-
dingt Widerstandsfähige in der Welt, daher eigentlich das Unüber-
windliche. Selbst Gott, darf man sagen, kann den Willen nicht

anders als durch ihn selbst besiegen" (II. 3, 206). Der Wille allein ist das Freie, weil er unlogisch, an keine Vernunft gebunden ist, denn alles Logische ist der logischen Nothwendigkeit unterworfen. Eben weil der Wille irrationell ist, entzieht sich seine Erscheinung in den Dingen, die Realität oder das „Dass" der Dinge, der rationellen Durchdringung.*) Das Wollen ist unlogisch, es ist das einzige Unlogische, welches wir kennen, darum können wir es in der That das Unlogische nennen.

3) Wenn die Vernunft aus sich die Realität schon nicht erkennen kann, so kann sie aus sich dieselbe noch weniger schaffen. Nachdem die Vernunft aus dem reinen Denken durch reines Denken alle Stufen ihrer Entwickelung erschöpft und sich als den Gipfel der Vollendung des Logischen (absolute Idee) erfasst hat, steht sie, obwohl es im Reiche der Wirklichkeit (im Gebiete der Natur und des Geistes) keine Phase geben kann, die sie nicht bereits ideell durchmessen hätte, dennoch der Wirklichkeit selbst noch ebenso fern, wie zu Anfang ihres logischen Processes; soviel sie sich hin und her bewegt, so grosse Anläufe sie nehmen mag, sie kann durchaus nicht aus ihrer eigenen Sphäre, dem Reiche der blossen Idee hinaus, aus dem keine Brücke sie zur Realität, zur Existenz führt. In der Idee ist Alles logische Nothwendigkeit, aber „es ist klar, dass es vermöge der blossen Nothwendigkeit der göttlichen Natur, also auch wohl vermöge der Nothwendigkeit überhaupt nie zu einem wirklichen Dasein kommen könnte" (I. 8, 232). „Wenn also die Gottheit des Seins sich angenommen, sich thätlich durch es geoffenbart (wie wir denn als wirklich geschehen erkennen müssen), so konnte der Entschluss doch nur aus der höchsten

---

*) Der Wille ist auf keine Weise aus dem Rationellen, aus der Vorstellung zu entwickeln. Wenn Spinoza ihn als blosse Bejahung oder Verneinung eines zukünftigen Geschehens fasst, so ist dies ganz unzureichend, und deckt das Wesen des Willens gar nicht; denn in der Bejahung und Verneinung liegt noch kein Streben oder Begehren, und kann der Held einer Schicksalstragödie sein ihm geweissagtes Schicksal als unfehlbar eintretend bejahen, während er das Gegentheil will. Wenn Hegel in seiner Logik den Willen aus dem Zweckbegriff abzuleiten versucht, so ist dies ebenfalls ganz unzulässig; denn abgesehen davon, dass „Wollen" viel weiter ist als „Bezwecken", also doch immer nur theilweise aus diesem zu gewinnen wäre, muss das Wollen dem Zweckbegriff vorangehen, da es ihn erst möglich macht. Nur wenn ich etwas will, kann ich es wirklich bezwecken. Der Zweck ist also selbst keine blos logische Kategorie, er ist schon angewandte, nämlich auf das Unlogische angewandte Logik. Für Schelling lag dies zu sehr auf der Hand, um es besonders auszuführen.

Freiheit kommen" (I 8, 300). Freiheit aber hat in der Idee, wo alles logisch nothwendig ist, keinen Raum, die Freiheit der „Entschliessung" (vergl. Hegel's Encyklopädie 1. Ausg. §. 191) kommt nur dem Unlogischen, dem Willen, zu. Letzten Endes ist aber „die Erkenntniss dessen, was Ist, eigentlich diejenige, welche in der Philosophie gesucht wird. Am Sein liegt nichts, das Sein ist auf jeden Fall nur ein Accessorium, ein Hinzukommendes dessen, was Ist" (II. 2, 34). Dieser Nothwendigkeit, an das Existirende selbst heranzukommen, kann sich auch der reine Rationalist nicht entschlagen, er giebt zu, dass die Logik eine Bewährung fordert, d. h. dass der Philosoph sich mit ihr nicht zufrieden geben kann, ohne sie an der erfahrungsmässig constatirten Wirklichkeit bewährt zu sehen (vergl. I. 10, 153). Soll nun dennoch das Princip des Panlogismus als alleingültiges aufrecht erhalten werden, so muss angenommen werden, dass die Vernunft ohne allen nöthigenden Grund (der denn doch zu allererst in der Vernunft vorausgesetzt werden sollte), gleichsam nur um die Einförmigkeit ihrer Ewigkeit zu unterbrechen — recht eigentlich *pour faire du temps*, um Zeit zu machen, in ihr Gegentheil übergehe und um das Vergnügen zu geniessen, sich aus der Unvernunft, aus dem Gegentheil in sich selbst wieder herzustellen" (I. 10, 253). Noch besser drückt Schelling dasselbe in II. 1, 584 aus: „Wie auf der einen Seite der blosse göttliche Wille das Nothwendige und Allgemeine der Dinge nicht erklärt, so unmöglich ist es, aus reiner blosser Vernunft das Zufällige und die Wirklichkeit der Dinge zu erklären. Es bliebe zu dem Ende nichts übrig, als anzunehmen, dass die Vernunft sich selbst untreu werde" (d. h. dass die lautere Vernunft nach gewissen Richtungen sich schlechthin unvernünftig benehme), „von sich selbst abfalle, dieselbe Idee, welche erst als das vollkommenste, und dem keine Dialektik etwas weiteres anhaben könne, dargestellt worden, dass diese Idee, ohne irgend einen Grund dazu in sich selbst zu haben, recht eigentlich wie die Franzosen sagen, *sans rime ni raison*, sich in diese Welt zufälliger, der Vernunft undurchsichtiger, dem Begriff widerstrebender Dinge zerschlage. Dieser Versuch, wenn er gemacht würde, wäre ein merkwürdiges Beispiel, was man einer befangenen Zeit bieten darf; ihn beurtheilen? ja, etwa mit den terentianischen Worten: *haec si tu postules* (ein solches sich selbst Verrücken der Vernunft) *certa ratione facere, nihilo plus agas, quam si des operam, ut cum ratione insanias*." (Die Widersinnigkeit

wird dadurch noch ärger, dass weiterhin der Weltprocess als ein
Weg überwiegenden Schmerzes anerkannt werden muss.) In obigem
Falle befindet sich aber Hegels Panlogismus. Die Identitätsphilosophie hatte sich absoluten Idealismus genannt, weil „sie die Frage
nach der Existenz gar nicht aufnahm" (I. 10, 148—9); sie bleibt
auch in der Betrachtung der Natur und des Geistes stets hypothetisch, d. h. erhält sie in der blossen Möglichkeit (vgl. II. 3,
89), behauptet nur, dass sich dies so und so verhält, falls es
existirt; sie „kennt nicht wie Hegel ein doppeltes Werden, ein
logisches und reales, sondern von dem abstracten Subject, dem
Subject in seiner Abstraction ausgehend, ist sie mit dem ersten
Schritt in der Natur, und es bedarf nachher keiner weiteren Erklärung des Uebergangs vom Logischen in das Reale." (I. 10,
146.) „Hegel schien im Anfang die rein logische Natur jener
Wissenschaft einzusehn" (II. 3, 88) und consequenter Weise hätte
er nun die Logik, in welcher bei ihm ohnehin schon viele Gestalten aus der Natur- und Geistesphilosophie Aufnahme gefunden
haben, so ausführen müssen, dass die ganze rein rationale Wissenschaft in ihr enthalten und der Panlogismus mit ihr beschlossen
war. Er wollte aber, nachdem die Idee sich logisch vollendet hatte,
dass sich dieselbe Idee auch real vollenden sollte. Während die
Identitätsphilosophie sich bescheidet, und an ihre Schranke, die
Existenz, nicht rührt, will Hegels Panlogismus diese seine natürliche Schranke überspringen, und die ganze Philosophie sein,
deren eine Seite sie nur ist. Hier kommt nun jener *salto mortale*
des „Entschlusses", welchen die absolute Idee fasst, sich zur
Natur zu entlassen, indem sie sich in ihre Momente auseinander
fallen lässt.

„Man kann nun schlechterdings nicht begreifen, was die Idee
bewegen sollte, nachdem sie zum höchsten Subject erhoben, das
Sein ganz aufgezehrt hat, doch sich wieder subjectlos zu machen,
zum blossen Sein herabzusetzen, und sich in die schlechte Aeusser-
lichkeit des Raumes und der Zeit zerfallen zu lassen." (I. 10, 154.)
„Von einem Entschluss, einer Handlung, oder gar einer That weiss
das reine Denken nichts, in welchem alles mit Nothwendigkeit sich
entwickelt." (II. 3, 173.) Gegen Baader „äussert sich Hegel sehr
vornehm: Das Hervorgehen der Dinge aus Gott sei keine seiner
Kategorien, er bediene sich derselben nicht, sie sei überhaupt
keine Kategorie, sondern nur ein bildlicher Ausdruck. Dagegen
hat aber Hegel die bewunderungswürdige Kategorie des Entlassens.

Dieses Entlassen ist wohl kein bildlicher Ausdruck? Was es mit diesem Entlassen auf sich hat, wird nicht erklärt. Allein diesem Entlassen von Seiten Gottes muss doch nothwendig ein Hervorgehen des Entlassenen (dessen, als was sich Gott entlässt), also ein Hervorgehen der Natur, und daher auch der Materie aus Gott entsprechen, sowie, wenn nach Hegel Gott in der Logik noch in seine Ewigkeit eingeschlossen ist, ebenderselbe in der wirklichen, ausserlogischen Natur aus seiner Ewigkeit herausgegangen sein muss." (II. 3, 121—2.) So verliert Hegels Philosophie, wo sie aus der Logik heraustritt, den Charakter des reinen Denkens, und muss sich mit der bildlichen Vorstellung behelfen, ohne doch damit das Gewünschte erreichen zu können. (Vgl. II. 3, 173; I. 10, 151—4; und meine Phil. d. Unbewussten S. 649—652.)*)

Das Resultat der betrachteten 3 Puncte ist, dass der Panlogismus oder die rein rationale Philosophie sich verkennt, wenn sie sich für die ganze Philosophie hält, und mehr als die logischen Verhältnisse im Wesen der Dinge erklären zu können glaubt. Dagegen ist sie vollständig berechtigt, wenn sie dem Logischen gegenüber das Unlogische oder den Willen als gleichberechtigtes Princip, und neben sich eine andere Seite der Philosophie als die dazu berufene anerkennt, sich mit der von jenem andern Princip herrührenden Realität zu beschäftigen. „Da Existenz überall das Positive ist, nämlich das, was gesetzt, was versichert, was behauptet wird, so musste jene sich als rein negative Philosophie bekennen, aber eben damit den Raum für die . . . . . . positive Philosophie ausser sich frei lassen" (I. 10, 125), wohingegen Hegels Panlogismus sich „für die absolute Philosophie ausgiebt, für die Philosophie, die nichts ausser sich zurücklässt." (Ebda.) Wir wollen nunmehr dem Verhältniss der negativen und positiven Philosophie näher treten, wobei ich Gelegenheit nehme, zu bemerken, dass wenn man von Schellings positiver Philosophie als System spricht, dies nur eine *denominatio a potiori* ist, und die Zusammenfassung von positiver und negativer Philosophie in dem näher darzustellenden Verhältniss bedeutet.

*) Ich benutze die Gelegenheit, um auf Schelling's Kritik der Hegel'schen Philosophie überhaupt hinzuweisen, die in I. 10, S. 123—164 enthalten ist. Dieselbe ist heute noch das Beste, was über Hegel gesagt worden ist, und beurtheilt denselben bei aller Schärfe nicht von aussen, sondern von innen, aus dem Princip heraus, wozu wohl Niemand berufener war, als derjenige, welcher selbst das von Hegel zum System ausgeführte Princip gefunden und aufgestellt hatte.

Negative und positive Philosophie.

„An allem Wirklichen ist" (wie schon Aristoteles dargethan hat) „zweierlei zu erkennen, es sind zwei ganz verschiedene Sachen, zu wissen, was ein Seiendes ist, *quid sit*, und dass es ist, *quod sit*. Jenes — die Antwort auf die Frage: was es ist — gewährt mir Einsicht in das Wesen des Dinges, oder es macht, dass ich das Ding verstehe, dass ich einen Verstand oder Begriff von ihm, oder es selbst im Begriffe habe. Das andere aber, die Einsicht, dass es ist, gewährt mir nicht den blossen Begriff, sondern etwas über den blossen Begriff Hinausgehendes, welches die Existenz ist" (II. 3, 57—8). „Schon hier (gleich nach dieser Unterscheidung) wird es uns wahrscheinlich dünken, dass, wofern die Frage nach dem Was ist, diese Frage an die Vernunft sich richtet, wogegen — dass irgend etwas, wenn es auch ein von der Vernunft aus Eingesehenes ist, dass dieses Ist, d. h. dass es existirt, nur die Erfahrung lehren kann." (II. 3, 58). Auch Hegel sagt, „dass die Vernunft sich mit dem Ansich der Dinge beschäftige". Was ist aber das Ansich der Dinge? „Etwa, dass sie existiren, ihr Sein? Keineswegs, denn das Ansich, das Wesen, der Begriff, die Natur des Menschen z. B. bleibt dieselbe und wenn es gar keine Menschen in der Welt gäbe, wie das Ansich einer geometrischen Figur dasselbe bleibt, ob sie existirt oder nicht. . . . . . Wenn ich also auch einsehe, und vielleicht ist es *a priori* einzusehen, dass in der Reihe der Existenzen die Pflanze überhaupt vorkommen muss; mit dieser Einsicht bin ich noch immer nicht über den Begriff der Pflanze hinaus. Diese Pflanze ist noch immer, nicht die wirkliche Pflanze, sondern der blosse Begriff der Pflanze" (II. 3, 59). Mehr lässt sich *a priori* nicht einsehen, weder diese bestimmte wirklich existirende Pflanze ist jemals *a priori* zu erreichen, noch ist die Existenz der Pflanze überhaupt zu behaupten, denn es wäre ja *a priori* ebenso möglich, dass überhaupt nichts existirt (vgl. II. 3, 58—59). „Dass überhaupt etwas existire und dass insbesondere dies bestimmte, *a priori* Eingesehene in der Welt existire, kann die Vernunft nie ohne die Erfahrung behaupten" (II. 3, 59). Hieraus folgt nicht, dass das *a priori* Abgeleitete eine Chimäre, ein Nichtexistirendes sei, im Gegentheil ist es als etwas begriffen, das nur ist, wenn es wirklich existirt, denn das Seiende hat den Begriff nicht ausser sich, sondern in sich, und „in diesem Sinne ist es wahr, dass der Begriff und das Seiende eins ist" (II. 3, 60), aber einerseits ist die apriorische Ableitung des Begriffs und seine Beschaffenheit von der Rücksicht auf Existenz und Nichtexistenz völlig unbeeinflusst" („Das Nothwendige ist das von aller Wirklichkeit Unabhängige" — II. 3, 61), „und andererseits kann die Vernunft *a priori* nichts darüber aussagen, ob die durch sie abgeleiteten Gestalten eine wirkliche Existenz finden werden oder nicht; sie kann nur hypothetisch sagen: „wenn es existirende Dinge giebt, so werden es diese sein, und in dieser und keiner andern Folge" (II. 3, 61). „Denn dass das Construirte wirklich existirt, dies sagt eben nur die Erfahrung, nicht die Vernunft" (II. 3, 62).

Am besten verdeutlicht dies noch immer der Vergleich mit der Mathematik. „Der Sinn keines Satzes in der Geometrie ist, dass dem wirklich so sei, sondern dass es nicht anders sein könne, und das Dreieck z. B. nur so möglich ist, woraus freilich folgt, dass es auch so sein wird, wenn es ist, aber keineswegs, dass es ist, was vielmehr dabei als ganz gleichgiltig betrachtet wird" (II. 1, 377), da „sich die Wesenheit eines Kreises z. B. nicht im Geringsten dadurch ändert, dass ich einen Cirkel wirklich beschreibe" (II. 1, 575—76). Wenn eine „falsch verstandene Identität des Denkens und Seins" sich hiergegen auflehnen sollte (vgl. II. 3, 59), so ist dem zu erwidern, dass die recht verstandene Identität des Denkens und Seins eben darin besteht, dass das Seiende, wenn es ist, nur so und nicht anders sein kann, als das Denken es denkt. Wäre diese Identität nicht, so würde z. B. das Dreieck, obwohl es nur mit der Winkelsumme von 2 Rechten gedacht werden kann, dennoch mit einer andern Winkelsumme existiren können.

Um zur Erläuterung noch ein metaphysisches Beispiel zu geben, wähle ich den ontologischen Beweis, der uns zugleich weiter führt: „Die älteste (Anselmische) Wendung des ontologischen Beweises war die: das Höchste, worüber nichts ist, *quo majus non datur*, ist Gott, aber das Höchste wäre nicht das Höchste, wenn es nicht existirte, denn wir können uns alsdann ein Wesen vorstellen, das die Existenz vor ihm voraus hätte, und es wäre dann nicht mehr das Höchste. Was heisst dies aber anderes, als dass wir im höchsten Wesen schon die Existenz gedacht haben? Also freilich, das höchste Wesen existirt, wohl zu merken, wenn es ein höchstes Wesen in dem Sinne giebt, dass es die Existenz einschliesst: dann ist der Satz, dass es existirt, allerdings nur noch ein tautologischer. Bei der Cartesianischen Wendung kann

man den in dem ontologischen Argument begangenen Paralogismus
(denn nur ein Fehler der Form ist es) noch formeller so nachweisen: Dem Wesen Gottes widerstrebt es, blos zufällig zu existiren, dies ist die Prämisse; in dieser ist also blos von der nothwendigen Existenz, d. h. von einer Weise der Existenz die Rede;
demnach kann im Schlusssatz nicht von der Existenz überhaupt,
sondern ebenfalls nur von der nothwendigen Existenz, d. h. von
einer Weise des Existirens die Rede sein. Dies ist ganz klar.
Also der Schlusssatz kann nur so lauten: folglich existirt Gott
nothwendiger Weise, nämlich wenn er existirt, was also immer noch unentschieden lässt, ob oder ob er nicht existirt" (II.
3, 157—58). Ebenso ist es mit Leibniz' Definition: *Deus est Ens,
ex cujus essentia sequitur existentia.* „Aber aus dem Wesen, aus
der Natur, aus dem Begriffe Gottes . . . folgt in Ewigkeit nicht
mehr als dieses: dass Gott, wenn er existirt, das *a priori* Existirende sein muss, anders kann er nicht existiren; aber dass er
existirt, folgt daraus nicht" (II. 3, 156). „Kant hat den absolut
immanenten Begriff, den des höchsten Wesens, . . . und den
absolut transcendenten Begriff (den des nothwendig Existirenden) unverbunden nebeneinander. . . . . Hier ist in Kants Kritik
wirklich eine Lücke" (II. 3, 168). — „Man begnügt sich gewöhnlich, Gott das nothwendig existirende Wesen zu nennen, aber dies
ist nicht genau." Vielmehr muss man ihn das nothwendig nothwendig-Existirende nennen, d. h. dasjenige, welches, wenn es
existirt, nothwendiger Weise nothwendig-existirt, oder schlechterdings nicht anders als nothwendig existiren kann (II. 3, 159).
„Die einzige Wahrheit, die vom ontologischen Argument übrig
bleibt", ist also: „Das höchste Wesen, wenn es existirt, kann nur
a priori das Seiende sein, also es muss das nothwendig Existirende, es muss das seinem Begriff, also allem Begriff voraus
seiende sein" (II. 3, 168). „Es wäre zwar ein Widerspruch,
dem im Denken Ersten ein anderes im Denken Erstes vorzusetzen, aber es ist kein Widerspruch, dem im Sein Ersten, insofern alles Denken Uebertreffenden und gleichsam Ueberflügelnden
— diesem das im Denken Erste zu unterwerfen, oder es
als Posterius von ihm zu denken. Denn nicht weil es ein Denken giebt, giebt es ein Sein, sondern weil es ein Sein giebt,
giebt es ein Denken" (II. 3, 161). „Wir können alles, was
in unserer Erfahrung vorkommt, *a priori*, im blossen Denken, er-
zeugen, aber so ist es eben auch nur im Denken. Wollten wir

dies in einen objectiven Satz verwandeln, — sagen, dass alles
auch an sich nur im Denken sei, so müssten wir auf den Standpunkt eines Fichte'schen Idealismus znrückkehren. Wollen wir
irgend etwas ausser dem Denken Seiendes, so müssen wir von
einem Sein ausgehen, das absolut unabhängig von allem Denken,
das allem Denken zuvorkommend ist. Von diesem (unvordenklichen) Sein weiss die Hegel'sche Philosophie nichts, für diesen
Begriff hat sie keine Stelle" (II. 3, 164). Eben dies grundlos
Existirende, „was Kant den Abgrund für die menschliche Vernunft
nennt", ist der Ausgangspunkt der positiven Philosophie, und ihre
Aufgabe, zu zeigen, dass dieses — „nicht nothwendig, aber factisch das nothwendig nothwendig-existirende Wesen oder Gott
ist" (II. 3, 169), also den umgekehrten Weg wie der ontologische
Beweis einzuschlagen. „Die Schwierigkeit liegt nicht darin, einen
solchen Anfang zu rechtfertigen, sie liegt in der Möglichkeit,
von einem solchen aus fortzuschreiten oder weiter zu kommen"
(I. 10, 211). Das Letztere ist es, woran Spinoza gescheitert ist.

„Nicht weniger als das Wesen, das eigentliche Was jedes
Dinges, ist ein Apriorisches, und nur als wirklich Existiren-
des gehört es der Erfahrung an" (II. 3, 103). Da „das Reich
der Wesenheiten auch das Reich der Möglichkeiten ist" (II. 1, 576),
so stimmt dies mit dem in II. 1, 581 citirten Ausspruch des Leibniz überein: „Meines Erachtens ist die göttliche Wille die Ursache der Wirklichkeit, der göttliche Verstand aber die
Quelle der Möglichkeit der Dinge; dieser ist es, der die Wahrheit der ewigen Wahrheiten macht, ohne dass der Wille daran
Theil hat." Mit andern Worten: Die logische Idee setzt das
Was, der unlogische Wille das Dass der Dinge. Was die objective Vernunft vordenkend bei der Erschaffung der Dinge von
sich aus hinzugethan hat, eben das muss auch die subjective
Vernunft nachdenkend bei der Erkenntniss der Dinge von sich
aus reconstruiren können, da beides ein und dieselbe Vernunft ist,
also muss der ganze Inhalt der Erfahrung (und nicht mehr) der
rein rationalen Construction erreichbar sein; dies ist der Gedanke,
aus welchem die rein rationale oder negative Philosophie ihre Berechtigung zu schöpfen sucht. *)

---

*) Da die vordenkende, objective Vernunft intuitiv, d. h. Alles zumal mit
einem Blick überschauend, und zeitlos ohne Ueberlegung das Resultat ziehend,
die subjective, nachdenkende Vernunft aber discursiv und abstract, d. h. müh-
selig an partielle Seiten sich klammernd und mit allerhand Krücken sich lang-

Schelling hat das Verdienst, mit Nachdruck auf den lange
vergessenen Weg der I n d u c t i o n, als den einzigen der z u m
P r i n c i p führen könne, wieder hingewiesen zu haben. Aber er
verdirbt das Gute dieses Hinweises wieder dadurch, dass er die
Induction auf die blosse innere Erfahrung des reinen Denkens
einschränkt, sie allein auf das zu denken Mögliche, Unmögliche
und Nothwendige (nicht nicht zu denkende) verweist und hier von
dem *primum cogitabile* Stufe für Stufe bis zum letzten Princip aufsteigen lässt (vgl. meine Schrift: „Ueber die dialektische Methode",
Berlin 1868, C. Duncker's Verlag, S. 31—34). Freilich ist so das
Princip nur i n d e r I d e e erreicht. „Da es das Seiende ist, was
die Vernunftwissenschaft *a priori* begreift oder construirt, so muss
ihr daran gelegen sein, eine Controle zu haben, durch welche sie
darthut, dass das, was sie *a priori* gefunden, nicht eine Chimäre
ist. Diese Controle ist die Erfahrung. Denn d a s s das Construirte
wirklich existirt, dies sagt eben nur die Erfahrung, nicht die Vernunft." (II. 3, 62). Schelling tadelt Hegel mit Recht, dass er annimmt, der Empirismus hebe alle Erkenntniss des Uebersinnlichen,

sam fortschleppend ist, so lässt sich *a priori* keineswegs übersehen und bestimmen, wie weit die letztere dem Fluge der ersteren nachzufolgen im Stande
sei; soviel aber kann man auch *a priori* schon mit Gewissheit behaupten, dass
sie es ihr keinenfalls gleichthun könne, sondern hinter ihr zurückbleiben müsse,
zumal sie doch die Verhältnisse und Umstände, u n t e r w e l c h e n die objective
Vernunft ihre angewandte Thätigkeit b e g i n n t, niemals *a priori* würde bestimmen können, sondern immer als letztes Resultat einer langen empirischen
Inductionsreihe würde aufnehmen müssen. Die Erfahrung spricht sich über
dies Verhältniss noch ganz anders aus, denn sie zeigt, dass alle Versuche der
rein rationalen metaphysischen Reconstruction ein jämmerliches Ende genommen
haben, und dass noch das einzig Bleibende an ihnen die spärlichen Durchbruch-
stellen jener intuitiven (unbewussten) Vernunft sind (mystische Conceptionen).
Es ist dies wahrlich kein Wunder, wenn man bedenkt, welche ungeheure Auf-
wendungen von Zeit und Kraft selbst die Mathematik machen muss, um mit
all' ihrem discursiven Rüstzeug verhältnissmässig einfache Probleme b l o s s
q u a n t i t a t i v e r Verhältnisse zu lösen, die die Natur spielend bewältigt, und
wie oft sie trotz ihrer hohen Ausbildung sogar hieran völlig scheitert. Wenn
so die discursive Vernunft schon in der Sphäre der blossen Quantität kaum die
Oberfläche der Natur streift, so soll doch die rein rationale Philosophie aufhören, mit der Allgemeinheit und Nothwendigkeit ihrer Construction zu prahlen.
Schon Schopenhauer schränkt die „*praedicabilia a priori*" verständiger Weise
im Wesentlichen auf die Quantitätsverhältnisse und die Gesetze der Logik ein
(was er über die Materie als solche aussagt, ist schon Täuschung), und es wäre
Zeit, dass die deutsche Philosophie aufhörte, sich in dieser Beziehung mit ihren
kindlichen Velleitäten zum Gespött der praktischeren Nachbarvölker zu machen.

2

und in seinen Consequenzen die Objectivität und Nothwendigkeit der sittlichen Bestimmungen und Gesetze auf (II. 3, 113). „Selbst der beschränkteste Empirismus kann kein anderes Ziel seiner Bemühungen zugeben als dieses: in jeder einzelnen Erscheinung sowie im Zusammenhang aller Erscheinungen Vernunft zu finden — diese .... zu enthüllen und an den Tag zu bringen" (II. 3, 109). Ueberall also arbeitet der Empirismus mit dem Rationalismus Hand in Hand, jeder Empirismus ist rationaler Empirismus, und „auch die rationale Philosophie ist Empirismus der Materie nach, nur apriorischer Empirismus" (II. 3, 102). Aber die letztere kommt sogar, „wie Kant von der Vernunft gelehrt hatte, nicht über die Erfahrung hinaus, und wo die Erfahrung ein Ende hat, da erkennt sie auch ihre eigne Grenze, jenes Letzte als unerkennbar stehen lassend" (II. 3, 102). Dass sie das Princip nicht als Wirkliches, sondern nur in der Idee erreichen kann, ist schon genügend ausgeführt, aber auch in der Erfahrung lässt sich (vergl. II. 3, 271) dasselbe nicht unmittelbar*), sondern nur mittelbar nachweisen, und „das a priori Unbegreifliche in ein a posteriori Begreifliches zu verwandeln" (II. 3, 165), und zwar so, dass man deductiver Weise zeigt, dass aus der wirklichen Existenz die Folgen a, b, c u. s. w. möglich werden; „nun existiren unserer Erfahrung zufolge a, b, c u. s. w. wirklich, also" — existirt auch das Princip wirklich. (II. 3, 169.) Man sieht, dass die positive Philosophie „von oben herabsteigend" ist, während die negative „von unten aufsteigend" ist (II. 3, 151 Anm.); d. h. die erstere ist ebenso deductiv, wie die letztere inductiv ist. Die positive Philosophie deducirt aber nicht von einem bereits völlig zugegebenen Princip, (vielmehr ist dasselbe nur dem Was, nicht dem Dass nach zugegeben); gerade erst dadurch, dass die Resultate der Deduction sich an der empirischen unmittelbaren Wirklichkeit bewähren, erst dadurch soll auch rückwärts oder a posteriori das Princip bewährt werden (vgl. II. 3, 130),**) während die

---

*) Dies gilt freilich nicht bloss vom letzten Princip, sondern von unzähligen Zwischenstufen, die nur mittelbar, durch Schlüsse aus der Erfahrung zu erlangen sind.

**) Ich habe in meiner „Philosophie des Unbewussten" (Berlin 1868, C. Duncker's Verlag) S. 5—9, gezeigt, dass eine solche Deduction aus einem erst rückwärts zu bewährenden Princip dem System nichts weniger als Gewissheit, dass sie ihm nicht einmal eine bestimmte Wahrscheinlichkeit, dass sie ihm gerade nur Möglichkeit, und nicht mehr, verleiht, weil nämlich viele Ursachen zu denselben Wirkungen möglich sind, also auch unendlich viele Möglichkeiten anderer Prin-

Welt von diesem — noch nicht bewährten, hypothetischen — Principe aus a priori abgeleitet wird. Es ist kein Zweifel, dass die inductive Methode vor dieser hypothetisch - deductiven die grössten Vortheile hat, da sie ihren Resultaten eine bestimmte Wahrscheinlichkeit verleiht, was diese nicht vermag; dass Schelling in der positiven Philosophie dennoch der letzteren den Vorzug gab, kann ich mir nur aus einer Selbsttäuschung über den Werth derselben, wie über die Sicherstellung des Princips, erklären, wozu noch das Vorurtheil hinzugekommen sein mag, der ganzen Philosophie durch entgegengesetzte Richtung ihrer beiden Seiten einen vollendeteren, in sich zurückkehrenden Abschluss geben zu wollen. (II. 3, 151 Anm. Z. 4.) In diesen Irrthümern rächte sich die unnatürliche Einschränkung der inductiven Seite auf die inneren Erfahrungen des reinen Denkens; denn giebt man auch zur Bewährung des wirklich existirenden Princips, wie billig, der inductiven Methode den Vorzug, so fällt die ganze künstliche Zweitheilung weg, man hat nur eine einzige inductive Philosophie, die

cipe offen stehen, aus denen die erfahrungsmässige Wirklichkeit ebenfalls deducirbar sein könnte. Hier würde die Sache etwas günstiger stehen, wenn wirklich das Princip in der Idee durch die rein rationale Induction festgestellt wäre, aber dies ist eben ein blosser Schein, ein Spiel mit empirisch gewonnenen Begriffen. Schelling prätendirt zwar anderweitig, „nicht das absolute Prius selbst solle bewiesen werden, sondern die Folge aus diesem, diese müsse factisch bewiesen werden, — und damit die Gottheit jenes Prius. Das Prius selbst aber" (das Grundlos Existirende) „ist über allem Beweis, es ist der absolute, durch sich selbst gewisse Anfang." (II. 3, 129.) Sehen wir, wie auch diese Prätension sich auflöst. Dem Wissen ist jenes schlechthin Existirende als Anfang nichts weniger als gewiss, „denn es könnte ja überhaupt nichts existiren." (II. 3, 59, vgl. II. 3, 242 Z. 7—18.) Nur dem Wollen glaubt Schelling dasselbe gewiss, nur der Wille kommt über den Gott in der blossen Idee durch ein praktisches Postulat hinaus (II. 1, 565), und zwar das Ich (II. 1, 566), das Glückseligkeit suchende und sie im contemplativen Leben nicht findende Individuum ist dieser Wille, der als Persönlichkeit, einen existirenden persönlichen Gott verlangt. (II. 1, 569—70). „Ihn, Ihn will es haben, den Gott, der handelt, bei dem eine Vorsehung ist, der als ein selbst thatsächlicher dem thatsächlichen des Abfalles entgegen treten kann, kurz der Herr des Seins ist" (II. 1, 566), um nun in der Religion (Vernunftreligion giebt es nicht — II. 1, 568) die individuelle egoistisch ersehnte Glückseligkeit zu finden, die ihm sonst in der Welt versagt war. Ein deutlicheres Geständniss, dass ihm beim Anstreben des wirklich existirenden Princips die Wissenschaft ausgeht, kann man vom Autor nicht verlangen. Somit bleibt in Wahrheit nichts übrig als die im Text angeführte mittelbare Bewährung des Princips durch die Erfahrung.

2*

nun aber von der breitesten Basis der ganzen uneingeschränkten
Erfahrung aus aufsteigt, und zum Lohne das Princip mit einem
Schlage zugleich als ideell bestimmtes und als wirklich existirenden erringt. Schelling kennt diese Möglichkeit sehr wohl, denn
es ist der Weg des Aristoteles. „Aristoteles hat es" (das Princip)
„allerdings als das wirklich Existirende (nicht wie die
negative Philosophie als blosse Idee) ..., aber nur darum hat er
das letzte als das wirklich Existirende, weil ihm seine ganze
Wissenschaft auf Erfahrung begründet ist" (II. 3, 104.) „Auch
jetzt noch wäre der Weg des Aristoteles, vom Empirischen, in
der Erfahrung Gegebenen, insofern Existirenden, zum Logischen,
zum Inhalte des Seins, fortzugehen, der einzige Weg, ohne
eine positive" (das heisst hier: deductive) „Philosophie zum
wirklich existirenden Gott zu gelangen" (II. 3, 107.)*)
Das einzige, was Schelling zu seiner Entschuldigung anführen kann,
dass er diesen ihm bekannten Weg nicht eingeschlagen hat, ist,
dass der Empirismus (d. h. Induction auf breitester Basis) seinen
Resultaten nur eine gewisse Wahrscheinlichkeit verleihe, und die
Nothwendigkeit und Allgemeinheit, welche die absolute Wissenschaft fordere, nur in einer rein rationalen Philosophie zu erlangen sei. Dem ist zweierlei zu erwidern: erstens, dass mir eine
Nothwendigkeit und Allgemeinheit von Erkenntnissen, die der
Realität entbehren, nur einen sehr relativen Werth hat, ich vielmehr hauptsächlich nach dem Grade der Sicherheit der wirklichen Erkenntniss, der realen Wissenschaft frage, dass aber
diese bei Schelling in der That viel geringer ist als im inductiven Empirismus; zweitens aber, dass die Nothwendigkeit und
Allgemeinheit selbst jener rein idealen Erkenntniss der negativen
Philosophie bloss auf dem Papier steht, da mit Ausnahme der
Mathematik und Logik solche rein-rationale Erkenntnisse weder
mit noch ohne absolute Gewissheit existiren.

*) Es ist falsch, wenn Schelling gleich dahinter sagt, „dass ein solcher Gott
den Forderungen" (Postulaten) „unseres Bewusstseins nicht entsprechen würde,"
denn er enthält genau dasselbe (sowohl im Was als auch im Dass) was
Schellings Princip der positiven Philosophie enthält, und haben, wie gesagt,
die Postulate des Glückseligkeit suchenden Individuums keine Stimme im
Wissenschaft; es ist falsch, wenn er sagt, dass dieser Weg den Gott „nur als
Ende, nicht wieder als hervorbringende Ursache" gebe; dies ist bloss eine
schülerhafte Verwechselung von „Erkenntnissgrund" und „wirkende Ursache",
da allemal das, was im inductiven Erkennen das Letzte, *eo ipso* als im
Wirken das Erste gesetzt ist.

Dieses Hängen an der rein rationalen Richtung und die An-
betung des Trugbildes der absoluten Wissenschaft muss man bei
einem Manne, welcher derselben den besten Theil seines Lebens
gewidmet, entschuldigen; es ist anerkennenswerth genug, dass er
sich soweit von seiner Vergangenheit losreissen konnte, um die
Unzulänglichkeit dieser Richtung schlagend nachzuweisen, ihr gegenüber die Forderung einer positiven Philosophie hinzustellen, ein
solches Urtheil über Aristoteles und den Empirismus zu fällen,
und mit alledem den endlichen Durchbruch dieser einzig und allein
fördernden Methode kräftig vorzubereiten.

Ich schliesse diese Betrachtungen mit einigen im Jahre 1850
gesprochenen Worten Schellings, die gleichsam sein Vermächtniss
an die deutsche Nation enthalten: „Die Erörterungen, denen ich
mich hier überlasse, scheinen weit abzuliegen von allem, was jetzt
vorzugsweise die Geister beschäftigt, und dennoch haben sie eine
sehr nahe Beziehung auf die Gegenwart. Denn jenes dem Denken
über das Sein, dem Was über das Dass ertheilte Uebergewicht
scheint mir nicht ein besonderes, sondern ein allgemeines Leiden
der gesammten, glücklicherweise von Gott mit unerschütterlicher
Selbstzufriedenheit ausgerüsteten Deutschen Nation zu sein, die
sich im Stande zeigt, eine so lange — lange Zeit unbekümmert
um das Dass, mit dem Was einer Verfassung sich zu beschäftigen.
Wodurch also in der letzten Zeit die Deutsche Philosophie mit un-
seliger Improductivität geschlagen worden, dasselbe scheint mir
auch die Ursache der politischen Improductivität Deutschlands. . . .
Wenn auf eine über jede Anfechtung und allen Zweifel erhabene
Weise erst das Sein festgestellt ist, mag man, wie es auch von
selbst immer geschehen ist, den Inhalt dieses Seins dem Denken
und der Vernunft gerechter zu machen suchen. Fängt man aber
mit dem Inhalt an, der für sich und von allen Existenzbedingungen
losgetrennt nur ein allgemeiner sein kann: so wird man das eine
Weile fortsetzen können, aber mit Schrecken am Ende gewahr
werden, dass es an dem Gefäss fehlt, diesen Inhalt aufzunehmen.“
(II. 1, 589—90.)

Aehnlichkeiten mit Schopenhauer.

Ehe ich nun zur Darstellung der Principien- oder Potenzenlehre, welche den Hauptinhalt der positiven Philosophie ausmacht,
übergehe, will ich noch zur Vorbereitung nach einigen Seiten hin
solche Anschauungen Schellings berühren, in welchen derselbe zu

Hegel einen Gegensatz bildet und mit dessen Gegner Schopenhauer mehr oder minder übereinstimmt.

Der erste Punct ist der Gegensatz von Begriff und Anschauung. Bei Hegel ist der Begriff nicht nur selbst ein Reales, sondern er ist geradezu Alles; erst durch Zusammenwachsen (Concretion) der Begriffe bildet sich die Idee. Nach Schelling „steht aber dem Begriff das Reale überhaupt, sowohl das sinnliche als das übersinnliche, entgegen" (I. 10, 142), ihm ist also der Begriff durchaus nicht ein Reales, am wenigsten ein übersinnliches Reales, sondern eine Abstraction von sinnlicher Abkunft. Nur einen solchen objectiven Idealismus lässt Schelling dem Fichte'schen subjectiven Idealismus gegenüber gelten, dem es „um wirkliche Ideen (Ideen der Dinge), nicht um abstracte Begriffe zu thun ist. Einem System bloss abstracter Begriffe könnte durch Anwendung der für die Ideen gefundenen Methode doch nie ein wirklich speculativer Inhalt gegeben werden; von ehemaliger Ontologie (in bester Chr. Wolfischer Zeit) oder französischer Ideologie (diesen Namen könnte man ihnen allenfalls lassen statt: Idealismus) würde es sich eben nur durch das Gezwungene und Fratzenhafte der Einkleidung unterscheiden" (II. 1, 466.). Manchem mag dies Urtheil über Hegels abstracte Logik hart erscheinen, aber schon lange vor Hegel (1795) hatte Schelling ebenso geurtheilt: „Das höchste Verdienst des philosophischen Forschers ist nicht, abstracte Begriffe aufzustellen, und aus ihnen Systeme herauszuspinnen. Sein letzter Zweck ist reines absolutes Sein; sein grösstes Verdienst das, was sich nimmer auf Begriffe bringen, erklären, entwickeln lässt — kurz, das Unauflösliche, das Unmittelbare, das Einfache — zu enthüllen und zu offenbaren" (I. 1, 186.) „Was in Begriffen dargestellt wird, ruht. Begriffe also giebt es nur von Objekten und dem, was begrenzt ist, und sinnlich angeschaut wird. Der Begriff der Bewegung ist nicht die Bewegung selbst, und ohne Anschauung wüssten wir nicht, was Bewegung ist." „Das, was das Seiende ist, und nur reine Wirklichkeit sein kann, ist, sofern dieses, mit keinem Begriff zu fassen. Das Denken geht doch nur bis zu diesem. Das, was nur Actus ist, entzieht sich dem Begriff. Will sich die Seele mit diesem beschäftigen, und also das, was das Seiende ist, ausser dem Seienden und an und für sich gesetzt haben, als ein κεχωρισμένον τι καὶ αὐτὸ καθ' αὐτό, wie Aristoteles sich ausdrückt: dann ist sie nicht mehr denkend, sondern (weil alles Allgemeine hin-

weg) schauend." (II. 1, 316.) „Begriff ohne Versinnlichung durch
die Einbildungskraft ist ein Wort ohne Sinn, ein Schall ohne Bedeutung. ... Das Reale ist nur in der Anschauung" (I. 1,
359). „Der Actus überhaupt ist doch eigentlich nicht im Begriff,
sondern in der Erfahrung." (II. 1, 315.) „Die Erzwungenheit
(der Hegelschen Logik) entstand dadurch, dass er diese Formen
der Anschauung verleugnen musste, und doch sie beständig unter-
schob" (I. 10, 138), da er, „ohne sie unterzuschieben, keinen
Schritt thun könnte". „Ich glaube nicht, dass leicht jemand leugnen werde, alle Zuverlässigkeit unseres Wissens beruhe auf
der Unmittelbarkeit der Anschauung." (I. 1, 376.) „Nichts
ist für uns wirklich, als was uns ohne alle Vermittelung
durch Begriffe ... unmittelbar gegeben ist. Nichts aber gelangt unmittelbar zu uns anders als durch die Anschauung, und
deswegen ist Anschauung das Höchste in unserem Erkenntniss."
(Vgl. auch I. 1, S. 318—19.) In alle dem stimmt Schelling auf
das Merkwürdigste mit Schopenhauer überein. *) — Der zweite Punct
ist die alles überragende Bedeutung des Willens. Schelling setzte
schon früh „das eigenthümliche Verdienst Fichte's" darin, „dass er
das Princip, das Kant an die Spitze der practischen Philosophie stellt
(die Autonomie des Willens) zum Princip der gesammten Philosophie
erweiterte" (I. 1, 409). Im Jahre 1797 schon schrieb er (man
glaubt Schopenhauer zu lesen): „die Quelle des Selbstbewusstseins ist das Wollen. Im absoluten Willen wird der Geist
seiner selbst unmittelbar inne, und er hat eine intellectuale Anschauung seiner selbst" (I. 1, 401). In dem Willensact zeigt sich
unmittelbar die Identität des Idealen und Realen, da derselbe als
Geistesthätigkeit ideal, und doch höchste Realität und Grund von
Realität ist. Der Panlogismus und Hegel ignorirt die hierauf ab-
zielende Seite der vorangegangenen Entwickelung gänzlich, und
sucht das Wollen in Denken aufzulösen, wie schon oben erwähnt
wurde. Aber schon i. J. 1809 ist in Schelling's Ansichten hier-
über ein gänzlicher Rückschlag eingetreten. „Es giebt in der letzten und höchsten Instanz gar kein anderes Sein als Wollen.
Wollen ist Ursein, und auf dieses allein passen alle Prädicate
desselben. Grundlosigkeit, Ewigkeit, Unabhängigkeit von der Zeit,
Selbstbejahung. Die ganze Philosophie strebt nur dahin,

*) Vgl. meinen Aufsatz: „Ueber die nothwendige Umbildung der Schopen-
hauerschen Philosophie aus ihrem Grundprincip heraus", philos. Monatshefte
Bd. II. Hft. 6. S. 457—469.

diesen höchsten Ausdruck zu finden" (I. 7, 350). Schon oben sahen wir, dass der Wille das einzige Widerstandsfähige, dass er der irrationale Grund aller Realität in den Dingen ist (vgl. die oben angeführte Stelle II. 3, 206). Sein „anthropologisches Schema" fängt so an: „Wille, die eigentlich geistige Substanz des Menschen, der Grund von allem, das ursprünglich Stoff-Erzeugende, das Einzige im Menschen, das Ursache von Sein ist" (I. 10, 289). Der Geist ist ursprünglich durchaus nichts Theoretisches, sondern ursprünglich und vor allem Wille (vergl. II. 1, 461—62). „Wille ist überall und in der ganzen Natur von der tiefsten bis zur höchsten Stufe. Wollen ist die Grundlage aller Natur" (II. 3, 207). „Die Unterschiede, die wir zwischen den Dingen wahrnehmen, bestehen nicht darin, wie es auf den ersten Blick scheinen könnte, dass einige absolut willenlos, andere dagegen mit Willen begabt oder wollend sind. Der Unterschied besteht nur in der Art des Wollens" (II. 3, 206). Wenn jedes Ding und jeder Geist wesentlich ein Wille ist, so eröffnet sich hiermit die Perspective auf einen Pantheismus des Willens. „Es wäre ein Irrthum, zu meinen, dass der Pantheismus durch den Idealismus" (Schelling fasst hier den Willen als etwas Ideales) „aufgehoben und vernichtet sei, ... denn ob es einzelne Dinge sind, die in einer absoluten Substanz, oder ebenso viele einzelne Willen, die in einen Urwillen begriffen sind, ist für den Pantheismus, als solchen, ganz einerlei" (I. 7, 352). Wer erkennt nicht in dieser Andeutung Schopenhauers System?*) Aber Schelling ging zu schnell vorwärts, als dass die Welt gleich mitgekonnt hätte. Wie Hegel den Standpunkt des Panlogismus, so musste Schopenhauer den Standpunkt des Willenspantheismus ausführen, jeder von ihnen ein System in der consequentesten Einseitigkeit seines Princips liefern, damit nunmehr Allen erkennbar sei, was jedes Princip in seiner Isolirung leisten könne und was nicht, und damit so auch dem blödesten Auge die Nothwendigkeit gezeigt werde, beide einander als Ergänzung forderenden**) und gleichberechtigten Principien im Verein zu setzen.

*) Es ist nicht unmöglich, dass diese Abhandlung Schellings „Ueber das Wesen der menschlichen Freiheit" Schopenhauer zu seinem System verholfen habe, da sie 9 Jahre vor demselben erschien, und er wenigstens in späteren Schriften dieselbe lobend erwähnt.

**) Die Unzulänglichkeit des Willens als alleinigen Principes leuchtet ganz evident in Schopenhauers drittem Buch hervor, wo die Idee ihn in die wunderlichsten Widersprüche verwickelt und wider seinen Willen zu einem objectiven Idealismus, als Ergänzung seines Willensrealismus, hindrängt.

Schopenhauers und Schellings Pantheismus stehen als solche
auf ganz gleicher Stufe, und man würde sehr irren, wenn man
glaubte, dass Schelling in der positiven Philosophie seinem früheren
Pantheismus (vgl. I. 6, 174—78) untreu geworden sei. Wer,
wie ich, den Begriff Pantheismus*) ohne weiteres mit Monismus
identificirt, für den ist dies selbstverständlich, denn unzählige Mal
spricht Schelling es aus, dass Gott das Eine, der Eine, oder das
Einzelwesen ist, welches Alles ist (z. B. II. 3, 174). „Es möchte
wohl nicht zu leugnen sein, dass, wenn Pantheismus nichts weiter
als die Lehre von der Immanenz der Dinge in Gott bezeichnete,
jede Vernunftansicht in irgend einem Sinn zu dieser Lehre hingezogen werden muss" (I. 7, 339). „Dass bei Gott allein
das Sein und daher alles Sein nur das Sein Gottes ist,
diesen Gedanken lässt sich weder die Vernunft noch das Gefühl
rauben. Er ist der Gedanke, dem allein alle Herzen schlagen.
Selbst die starre, leblose Philosophie des Spinoza verdankt jene
Gewalt, die sie von jeher auf die Gemüther, und zwar nicht auf
die seichtesten, sondern gerade auf die religiösen ausgeübt hat,
diese Gewalt verdankt sie ganz und allein jenem Grundgedanken,
der in ihr allein sich noch findet" (II. 2, 39—40). Diese Worte
trug Schelling noch 1845 vor. Schelling blickt tief hinab (vergl.
II. 2, 72) auf jenen leeren impotenten Theismus (das Product eines
schaalen Rationalismus), dem Gott nur nach aussen Einer ist,
weil er keine Götter neben sich hat. Er setzt diesem einen sogenannten Monotheismus gegenüber, in welchem Gott nach innen
Einer ist, d. h. die Vielheit seiner inneren Mannigfaltigkeit in sich
zur Einheit zusammenfasst. Erst wenn die Mehrheit vorausgeht,
hat die Behauptung der Einheit einen positiven Sinn (vgl. II. 3,
282). Dieser Monotheismus ist aber selbst Pantheismus,**)
und nur gegen denjenigen Pantheismus verwahrt sich Schelling,
in welchem, wie bei Spinoza (und Hegel), Gott das blindlings
Seiende und nicht nichtsein Könnende ist, d. h. in welchem
Gott ewig und nothwendig blindlings wollen muss, und weder
jemals ein Nichtwollender war, noch in Zukunft vom Wollen erlöst

---

*) Pantheismus bedeutet nicht: „Jedes ist Gott", auch nicht: „Alles ist
Gott; es bedeutet: „Gott ist Alles", und wenn man den Satz umkehren will,
so ist dies nur so statthaft: „Das Ganze ist Gott", immer noch vorausgesetzt,
dass man unter dem „Ganzen" hier die Welt und Gott zusammen versteht.

**) Die Tendenz, dem Absoluten eine Persönlichkeit an und für sich zuzu-
schreiben (Persönlichkeitspantheismus) kann an dieser Thatsache nichts ändern.

werden und zum Nichtwollen und Nichtsein zurückkehren kann (vgl. II. 2, 38). Bei Schopenhauers und Schellings Pantheismus ist dieses Merkmal nicht zutreffend.

3 Ein dritter Punkt ist die pessimistische Auffassung dieser Welt und ihrer Ordnung der Dinge als eines durch und durch elenden und erlösungsbedürftigen Zustandes, der erst aufhören wird, wann παράγει τὸ σχῆμα τοῦ κόσμου τούτου. (II. 1, 468.) Der Panlogismus muss nothwendig Optimismus sein, denn wenn nichts ist als Vernunft, wo soll dann etwas Schlechtes herkommen? Da ferner dem Panlogismus alles Geschehen in Wahrheit ein ewiges Geschehen (logischer Process) ist, er also entweder gar keine, oder nur eine ewige Entwickelung, (nicht eine solche, die in einem endlich erreichbaren Ziel zur Ruhe kommt,) annehmen kann, so muss, wenn nicht der ganze Entwicklungsprocess überhaupt unvernünftig sein soll, jedes Moment desselben ausser dem, dass es den folgenden dient, in sich einen absoluten Werth haben, in sich allein schon befriedigt sein, und auch aus diesem Grunde muss der Panlogismus Optimismus sein. Vor Schellings Künstlerblick lag aber die Welt in zu objectiver Klarheit da, als dass ihm nicht nach Ueberwindung des ersten idealistischen Jugendrausches der überwiegende Schmerz des Weltprocesses hätte einleuchten müssen. Er führt diese schon von Kant (Werke VII. 381) ausgesprochene Wahrheit zwar nicht systematisch aus, sondern deutet sie nur an verschiedenen Stellen an, sie gewissermassen als selbstverständlich voraussetzend. „Alles was wird, kann nur im Unmuth werden, und wie Angst die Grundempfindung jedes lebenden Geschöpfes ist, so ist alles, was lebt, nur im heftigen Streit empfangen und geboren." (I. 8, 322.) „Schmerz ist etwas Allgemeines und Nothwendiges in allem Leben. . . . Aller Schmerz kommt nur von dem Sein." (I. 8, 335.) Auf allem Leben „ruht ein Schleier der Schwermuth, eine tiefe unzerstörliche Melancholie." (I. 7, 399.) Er verweist auf „die Stellen über menschliches Elend bei griechischen Dichtern, Iliad. XVII. 446; Odyss. XVIII. 130; Oed. Col. v. 1225: μὴ φῦναι τὸν ἄπαντα νικᾷ λόγον (nicht geboren das Beste)." (II. 1, 556.) Ein „Schmerzensweg" ist es, „den jenes Wesen, was es nun sein und wie es benannt werden möge, jenes Wesen, das in der Natur lebt, auf seinem Hindurchgehen durch diese zurückgelegt; davon zeugt der Zug des Schmerzes, der auf dem Antlitz der ganzen Natur, auf dem Angesicht der Thiere liegt." (I. 10, 266.) „Wer wird sich noch über die gemeinen und gewöhnlichen Unfälle eines vorüber-

gehenden Lebens betrüben, der den Schmerz des allgemeinen
Daseins und das grosse Schicksal des Ganzen erfasst hat?"
(I. 10, 268.) Die Geschichte ist am besten zu bezeichnen als
„eine grosse Tragödie, die auf der Trauerbühne dieser Welt auf-
geführt wird." (I. 7, 480.) Das κέαρ oder κῆρ erklärt Schelling
als „das an sich verzehrende, das nie sterbende Feuer, das in
jedes Menschen Brust, und das eigentlich der Geist, das Bewe-
gende, Treibende ist, das Princip seines Lebens" (II. 1, 472.)
„Wie nun diese Unruhe des unablässigen Wollens und
Begehrens, von der jedes Geschöpf getrieben wird, an sich selbst
die Unseligkeit ist, so wird das zur Ruhe gebrachte κέαρ auch
von selbst Seligkeit sein" (II. 1, 473; daher das Wort μάκαρ,
μακάριος). „Die Frage ist also, wie das κέαρ zur Ruhe gebracht
werde." (II. 1, 474.) Der Wille selbst, als Wesen oder Potenz
genommen, kann natürlich nicht aufgehoben werden, nur seine
Aeusserung: das Wollen; der zur Ruhe gebrachte Wille ist also
der nicht wollende Wille. „In der grössten Unruhe des Lebens,
in der heftigsten Bewegung aller Kräfte ist doch immer der Wille,
der nichts will, das eigentliche Ziel. Jede Kreatur, jeder
Mensch insbesondere strebt eigentlich nur in den Zustand des
Nichtwollens zurück, nicht der allein, der sich abzieht von allen
begehrlichen Dingen, sondern, obwohl unwissend, auch der, welcher
sich allen Begehrungen überlässt, denn auch dieser verlangt nur
den Zustand, da er nichts mehr zu wollen hat, ob dieser gleich
vor ihm flieht, und je eifriger verfolgt, sich desto weiter
von ihm entfernt." (I. 8, 235—6.) Es ist nothwendig, dass
der Mensch sich dieses Zustandes bewusst werde, damit er weiter
komme. Das Gesetz allein kann den Menschen nicht erlösen, es
steigert im Gegentheil der Sünde Kraft und lässt das Uebel um
so stärker hervortreten. (Vgl. II. 1, 555.) Gerade der Druck des
Gesetzes bringt das Individuum mehr und mehr dahin „das Nichts,
den Unwerth seines ganzen Daseins einzusehen." (II. 1, 556.)
Die nächstliegende Abhülfe für das Individuum scheint die, „sich
als Wirkendes aufzugeben, sich in sich selbst zurückzuziehen, sich
seiner Selbstheit zu begeben, ... um der Unseligkeit des
Handelns sich zu entziehen ... und ins beschauliche Leben
sich zu flüchten." (II. 1, 556.) Hierzu citirt er (II. 1, 557) Fe-
nelon, welcher Zurückgabe des ganzen Willens an Gott und „en-
tière indifférence même pour le salut" fordert. Dieses beschauliche
Leben besteht positiv genommen in ascetischer Frömmigkeit, Kunst,
und theoretischer Wissenschaft.

Schopenhauer kommt über diesen Standpunkt, den individuellen Versuch, sich vom Weltprocess auszuschliessen, nicht hinaus. Schelling aber erkennt die Unmöglichkeit dieser Zurückziehung. „Das Aufgeben des Handelns lässt sich nicht durchsetzen, es muss gehandelt werden. Sobald aber das thätige Leben wieder eintritt, die Wirklichkeit ihr Recht wieder geltend macht, ... kehrt die vorige Verzweiflung zurück." (II. 1, 560.) Es ist ein Irrthum, füge ich hinzu, wenn das Individuum für sich allein zur Seligkeit des ruhenden Willens gelangen zu können glaubt, zu der nur der Weltprocess das Grosse Ganze führen kann, so dass dem Individuum nichts übrig bleibt, als unter Resignation auf individuelles Wohlsein seinerseits nach Kräften den allgemeinen Process zu fördern. Nebenbei wird es sein Vortheil sein, wenn es im Stande ist, wie Schelling will, durch seinen individuellen Willen den persönlichen Gott und Herrn des Seins für seinen Glauben und seine individuellen Herzensbedürfnisse zu postuliren, und mit Hülfe des blinden Vertrauens auf diesen „wohl selig zu sein, doch in der Hoffnung." (Röm. 8, 24.)

Da, wie wir sehen werden, der bewusste Verstand das Princip ist, welches allein das unselige, unsinnige Wollen überwinden kann, so ist es nicht nur allein „um das Bewusstsein in der ganzen Schöpfung zu thun" (I. 3, 273; II. 3, 369 und II. 2, 118), sondern allein um Steigerung des Bewusstseins in dem ganzen Weltprocess, und ist dies mithin der Punct, wo das Individuum seine Hebel zur Förderung des Weltprocesses anzusetzen hat, in welchem successiv und allmählig das erreicht werden wird (II. 3, 286), was das Individuum vergeblich sich bemüht, mit einem Schlage zu erreichen.

Schopenhauer sagt am Schluss seines Hauptwerks: „Was nach gänzlicher Aufhebung des Willens übrig bleibt, ist für alle die, welche noch des Willens voll sind, allerdings Nichts. Aber auch umgekehrt ist denen, in welchen der Wille sich gewendet und verneint hat, diese unsere so sehr reale Welt mit allen ihren Sonnen und Milchstrassen — Nichts." Ersteres Nichts, das Nirwana, jene negative Seligkeit, d. h. Freiheit von der Qual des unseligen Wollens, schildert nun Schelling noch ausführlicher. „Es ist nur Ein Laut in allen höheren und besseren Lehren, dass das Höchste nur über allem Sein ist. ... Allem Dasein folgt die Nothwendigkeit als sein Verhängniss. ... Nur über dem Sein wohnt die wahre, die ewige Freiheit ... Sie fragen, was

denn über allem Sein gedacht werden könne, oder was das sei,
das weder seiend sei, noch auch nicht seiend, und antworten sich
selbstgenügsam: das Nichts. — Ja wohl ist es ein Nichts, aber
wie die lautere Gottheit ein Nichts ist, in dem Sinn, wie ein geist-
licher Sinndichter unnachahmlich es ausgedrückt:

> Die zarte Gottheit ist das Nichts und Uebernichts,
> Wer nichts in Allem sieht, Mensch glaube, dieser sieht's.

Sie ist nichts, weil ihr nichts auf eine von ihrem Wesen verschiedene Weise zukommen kann, und wieder über allem Nichts, weil
sie alles selbst ist. — Ja wohl ist es ein Nichts, aber wie die
lautere Freiheit ein Nichts ist, wie der Wille, der nichts will,
der keine Sache begehrt, dem alle Dinge gleich sind, und darum
von keinem bewegt wird. Ein solcher Wille ist nichts und alles.
Er ist nichts, in wiefern er weder selbst wirkend zu werden begehrt, noch nach irgend einer Wirklichkeit verlangt. Er ist alles,
weil doch von ihm als der ewigen Freiheit allein alle Kraft kommt,
weil er alle Dinge unter sich hat, alles beherrscht und von keinem
beherrscht wird. ... Freiheit oder Wille, sofern er nicht wirklich
will, ist der bejahende Begriff der unbedingten Ewigkeit, die wir uns nur ausser aller Zeit und als die ewige Unbe-
weglichkeit vorstellen können. Dahin zielt alles, danach sehnt
sich alles. Also ist jenes Naturlose, dessen die ewige Natur begehrt, kein Wesen, kein Seiendes, obwohl auch nicht das Gegentheil, sondern die ewige Freiheit, der lautere Wille", (*mera
potentia*) „aber nicht der Wille zu etwas, z. B. Wille sich zu offenbaren, sondern der reine sucht- und begierdelose Wille, der Wille,
sofern er nicht wirklich will. Wir haben das Höchste auch sonst
ausgesprochen als die reine Gleichgültigkeit (Indifferenz), die nichts
ist und doch alles; sie ist nichts wie die reine Frohheit, die
sich selbst nicht kennt, wie die gelassene Wonne, die
ganz erfüllt ist von sich selber und an nichts denkt, wie die
stille Innigkeit, die sich ihrer selbst nicht annimmt, und ihres
nicht Seins nicht gewahr wird. Sie ist nicht sowohl Gott, als
was in Gott selbst die Gottheit, also über Gott ist." (I. 8, 234—6.)
— Einen bessern Interpreten hätte sich Schopenhauer nicht er-
wünschen können, und doch war diese Stelle 7 Jahre vor seinem
Hauptwerk geschrieben, wenngleich nicht veröffentlicht worden.

Wie ist aber der gegenwärtige elende Zustand entstanden?
Warum ist nicht Gott in seiner reinen stillen Wonne und Innigkeit, in dem ewigen Frieden seiner Selbstgenugsamkeit geblieben,

warum ist das Absolute aus seiner Absolutheit herausgetreten und
hat sich seiner Gottheit gleichsam begeben? (vgl. I. 8, 244. Z. 5—4
v. unten). Das Herabsinken aus dem seligen in den unseligen
Zustand kann nur als ein Fall oder Abfall bezeichnet werden;
eine That im höchsten Sinne des Worts war es, die die reine
Ewigkeit zerriss, eine vorzeitliche That, da mit ihr erst die Zeit
begann, durch sie erst gesetzt wurde. — „Jener Vorgang ist das
unvordenkliche Verhängniss, — das unvordenkliche",
... „weil nach ihm erst das wirkliche Bewusstsein entsteht (vor
ihm ist nur das Bewusstsein in seiner reinen Substantialität", —
II. 2, 154 — d. h. das Material zu einem künftigen Bewusstsein)
... „Ein Verhängniss aber ist er ... weil sich der Wille durch
den Erfolg" (nämlich die Unseligkeit des geschaffenen Zustandes)
„den nicht beabsichteten, auf eine ihm selbst in der Folge
nicht mehr begreifliche Weise überrascht sieht." (II. 2, 153.)*)
Mit einem nur als bildlich zu rechtfertigenden, aber mit dem
Schopenhauerschen völlig übereinstimmenden Ausdruck ist eine
vorweltliche Schuld die Quelle des jetzigen Zustandes, in
welchem die Seele gleichsam zur Strafe an den Leib gefesselt ist
(vgl. I. 6, 47). Erst aus dem Abfall wird ein nicht sein Sollendes
erklärlich, erst aus dem Vorhandensein eines nicht sein Sollen-
den wird das erfahrungsmässig constatirte Vorhandensein eines
Processes begreiflich, der ohne ein solches (das bei Hegel völlig
fehlt) gar nicht möglich ist, oder wenigstens nicht, wenn nicht
etwas (der Wille) auf eine Weise (als wollender) wäre, wie es
nicht sein sollte. (I. 10, 247. Z. 6—8.)

Endlich stimmt Schelling auch darin mit Schopenhauer überein, dass er den in seinen ersten Schriften behaupteten Unbegriff
einer transcendentalen Freiheit (als ein ungeheuerliches Mittelding
zwischen transcendenter oder intelligibler Freiheit und empirischer
Nothwendigkeit) fallen lässt, mit Entschiedenheit alles Dasein der
Nothwendigkeit verfallen erklärt, (I. 8, 234 Z. 16—17) und auf
den Kant'schen Begriff der intelligibeln Freiheit zurückkommt, den
Schopenhauer in seiner Schrift über die Freiheit so schön darge-
legt hat. Dieser Umschwung Schelling's ist schon in seiner Abhandlung über das Wesen der menschlichen Freiheit (vgl. I. 7, 352)
merklich, doch spuken in dieser ganz unter Böhme'schen Einfluss

---

*) Die nicht anders als vernunftlos sein könnende That des vernunftlosen
Willens stellt sich — nicht nothwendig, sondern factisch — hinterher als ver-
nunftwidrig heraus.

geschriebenen Arbeit noch die alten schiefen Theorien durch. Erst in den „Weltaltern" wird das Verhältniss klarer. Hier sagt er von „jener unbegreiflichen Urthat, in der sich zuerst die Freiheit eines Menschen entscheidet," folgendes: „Es ist anerkannt, dass keiner sich nach Gründen oder Ueberlegung seinen Charakter gewählt hat; er war nicht mit sich selbst zu Rath gegangen; gleichwohl beurtheilt jeder diesen Charakter als ein Werk der Freiheit, gleichsam als eine ewige (nie aufhörende, beständige) That. Mithin erkennt das allgemeine sittliche Urtheil in jedem Menschen eine Freiheit" („eine unbedingte, nicht für die einzelne That"), „die sich selbst Grund, sich selbst Schicksal und Nothwendigkeit ist. Aber eben vor dieser abgründlichen Freiheit erschrecken die meisten, wie sie vor der Nothwendigkeit erschrecken, eins oder das andere ganz zu sein" (I. 8, 304). Wenn eine individuelle Menschenseele gesetzt werden soll, so muss sie zunächst in der Idee gesetzt werden. Dann aber bedarf es der Erhebung eines Wollens, welches die Idee dieser Seele verwirklicht, und eben dieses Wollen selbst ist das Individuelle an ihr. So „ist eine unendliche Möglichkeit anderer, gleichberechtigter, ebenfalls individueller Seelen gesetzt, an welche je nach vorbestimmter Ordnung und nach der jeder zukommenden Stelle die Reihe des Wollens d. h. des Actes kommt, durch den jede sich selbst, und mit sich die Welt aus der Idee setzt" (II 1, 464).*)

Verschiedenheiten von Schopenhauer.

Nachdem wir die Verwandtschaft Schellings mit Schopenhauer besprochen haben, gebührt es sich, auch beider Verschiedenheiten kurz zu berücksichtigen. Die Verschiedenheit der Methoden, Schellings höhere Schätzung der rein rationalen Wissenschaft und der deductiven Methode, während Schopenhauer sich wesentlich inductiv (von empirischer Basis aus) verhält, dies Alles ist schon

---

*) Es darf dies nicht so verstanden werden, als ob von Gott Entschlüsse zu gewissen Seelen lange vor ihrer wirklichen Einführung in die Welt gefasst würden, sondern diese Seelen in der Idee sind eben nur reine Möglichkeiten und zwar ewige Möglichkeiten ohne alles Verhältniss zur Zeit. Erst mit der Verwirklichung erhalten sie ein Verhältniss zur Zeit, dieses aber, d. h. der Moment ihrer Verwirklichung ist nicht zufällig, sondern durch die geistigen Bedürfnisse des Weltprocesses in dem betreffenden Stadium einerseits und durch die physiologische Beschaffenheit der Zeugungsstoffe bei der Empfängniss (überhaupt körperliche Verhältnisse) andrerseits motivirt und bedingt, also nicht frei.

erwähnt. Aber wichtiger ist, dass Schopenhauers Weltanschauung gänzlich unhistorisch, die Schellings dagegen durch und durch historisch ist. Schopenhauers blindem, durch keine metaphysische Idee erleuchtetem und geleitetem Princip ist keine Entwickelung möglich. Ihm ist der Weltprocess ein sinnlos wüstes Treiben, ein Kreislauf auf feurigen Kohlen, der nie zu einem Ziele führen kann, weil seine Formen sich ewig wiederholen, wie die Figuren der Harlekinade, und aus dem nur das Individuum seitwärts herausspringen kann. Darum schätzt er auch die Geschichte als ein blosses Wissen ganz niedrig, weil doch kein Sinn in ihr sei und mithin nie eine Wissenschaft aus ihr werden könne. Schellings sämmtliche Systeme ruhen hingegen auf dem Begriff der Entwickelung; nur ist diese Entwickelung in seinen früheren Systemen und ebenso bei Hegel eine bloss logische, d. h. ewige; erst in der positiven Philosophie wird sie eine reale, historische. Die Aufnahme der logischen Idee als Princip rettet der positiven Philosophie den Begriff der Entwickelung, die Aufnahme des Willens als Princip stellt erst die Entwickelung auf realen Boden und macht sie zur historischen. Schelling charakterisirt Hegels Auffassung des Weltprocesses mit folgenden Worten: „Der Gott hat sich nicht in die Natur geworfen, sondern wirft sich immer wieder in sie, um sich ebenso immer wieder obenan zu setzen; das Geschehen ist ein ewiges, d. h. immerwährendes Geschehen, aber eben darum auch wieder kein eigentliches, d. h. wirkliches Geschehen. Der Gott ferner ist allerdings frei“ (?), „sich zur Natur zu entäussern, d. h. er ist frei, seine Freiheit zum Opfer zu bringen, — denn dieser Act der freien Entäusserung ist zugleich das Grab seiner Freiheit; von nun ist er im Process oder selbst Process; er ist allerdings nicht der Gott, der nichts zu thun hat (wie er es wäre, wenn er als der wirkliche blosses Ende wäre), er ist vielmehr der Gott des ewigen immerwährenden Thuns, der unablässigen Unruhe, die nie Sabbath findet; er ist der Gott, der immer nur thut, was er immer gethan hat, und der daher nichts Neues schaffen kann; sein Leben ist ein Kreislauf von Gestalten, indem er sich immerwährend entäussert, um wieder zu sich zurückzukehren, und immer zu sich zurückkehrt, nur um sich aufs neue zu entäussern“ (I. 10, 160). Man kann sagen: bei Schopenhauer ist es ein Punkt, bei Hegel ein Kreis, der im Kreise umläuft; erst in der positiven Philosophie durchbricht das All-Eine den ermüdenden und nutzlosen Kreislauf zur gradlinigen Fortschreitung (vgl. I. 9, 313—23), erst in ihr kommt die Welt wirklich vorwärts, während sie bei den beiden andern immer auf demselben Flecke sich dreht. Genauer besehen ist die logische Entwickelung bei Hegel nur im Kopfe des Philosophen eine Entwickelung, der in seinem discursiven Denken das ewige Zugleichsein der Momente auseinanderzerrt; in Wahrheit aber stellt die logische Entwickelung nur das ewige logische Verhältniss der Momente der Idee dar, denen es niemals eingefallen ist, sich auseinander zu entwickeln, weil sie von Ewigkeit zu Ewigkeit neben oder vielmehr in einander zugleich sind. Eben dies gilt für das Verhältniss der Idee, der Natur und des bewussten Geistes, wenn die Entlassung und Rückkehr als ein ewiger Process gefasst werden. Dieser Process hat kein Ziel, das er nicht ebensowohl in jedem Moment schon erreicht hätte; er kommt also gar nicht vom Fleck, und in Wirklichkeit ist keine Entwickelung vorhanden, sie ist nur zum Schein für das discursive Denken da. Ganz anders bei Schelling, wo die Welt als solche in der That einen Anfang hat, zwar keinen Anfang in der Zeit, aber mit der Zeit, d. h. wo — von unserm Jetzt aus in endlicher Vergangenheit — das Universum aus der vorweltlichen Ewigkeit herausgesetzt und mit ihm und in ihm die Zeit gesetzt wurde (vgl. I. 7, 431; II. 1, 493; II. 3, 307), — wie ebenso in endlicher Zukunft das Universum sammt der Zeit ein Ende nehmen wird (vergl. I. 8, 92 und Off. Joh. 10, 5—6), wenn das Ziel des Weltprocesses erreicht ist. Hier ist wirkliche Entwickelung mit einem endlichen Ziel vorhanden, hier geschieht wirklich etwas, d. h. es giebt Geschichte. „Ohne einen freien Anfang gäbe es keine eigentliche Geschichte in der Welt. Die jenen nicht begriffen, konnten auch nicht den Eingang in diese finden" (I. 8, 305). „Aber sie möchten da, wo nur die That entscheidet, alles mit friedlichen allgemeinen Begriffen schlichten und eine Geschichte, in der, wie in der Wirklichkeit, Scenen des Kriegs und Friedens, Schmerz und Lust, Errettung und Gefahr wechseln, als eine blosse Folge von Gedanken vorstellen" (I. 8, 207). Hegels Philosophie ist ebenso wie die Spinozas eine ungeschichtliche, weil nach Beiden die endlichen Dinge aus der Natur Gottes *modo aeterno* (wie die Lehrsätze über das Dreieck aus der Natur des Dreiecks) folgen; im Gegensatz hierzu „ist die christliche Lehre, dass die Welt die Wirkung eines freien Entschlusses, einer That sei, eine geschichtliche zu nennen. Der

Ausdruck geschichtlich, von der Philosophie gebraucht, bezog sich also nicht auf die A r t des Wissens in ihr, sondern lediglich auf den I n h a l t desselben" (II. 3, 138 — 9 Anm.).

Man sieht, dass der Gegensatz von geschichtlicher und ungeschichtlicher Philosophie wesentlich mit dem von positiver und negativer übereinstimmt, und nur von einem anders gewählten Ausgangspunkte aus präcisirt ist, nämlich dem Abfall von der Absolutheit. In Hegel's Optimismus hat die Welt in der That g a r k e i n I n t e r e s s e daran, sich zu entwickeln, da sie sich in jedem Moment ganz befriedigt findet; in Schopenhauer's Pessimismus ist wohl ein mächtiges Interesse vorhanden, aber die M ö g l i c h k e i t dazu fehlt, welche nur in einem logischen Princip zu finden ist; in der positiven Philosophie ist s o w o h l das Interesse a l s die Möglichkeit gegeben. Bei Hegel ist die Zeit dem All-Einen eine gleichgültige Form, hier aber, wo das Eine, welches Alles ist, auch den Schmerz des ganzen Daseins tragen muss, wird es von dieser Zeitlichkeit — wenn auch nicht in seinem Wesen, so doch in seinem Zustand — ganz empfindlich afficirt, und muss ein sehr entschiedenes Interesse daran haben, diesen Zustand, nicht nur überhaupt, sondern sogar m ö g l i c h s t s c h n e l l,*) seinem Ziele zuzuführen, in welchem der Qual der Welt die Erlösungsstunde schlägt. Es liegt auf der Hand, dass erst eine geschichtliche Auffassung des Weltprocesses auch der teleologischen Betrachtungsweise wieder eine Berechtigung einräumen darf, welche durch Kant's Idealismus, der den Zweck nur als Auffassungsform des Subjects gelten lässt, sehr in Missachtung gerathen war, und welche auch in einer bloss logischen, ungeschichtlichen Philosophie keine reale, sondern höchstens eine logische Bedeutung haben kann.

Es hat diese historische Weltanschanung, welche Schelling zuerst in den „Vorlesungen über die Methode des akademischen Studiums" i. J. 1803 aussprach, in mehreren verwandten Erscheinungen der Zeit (z. B. der historischen Juristenschule) einen kräftigen Wiederhall gefunden.

Eine andere Differenz zwischen Schelling und Schopenhauer liegt in ihrer Stellung zum Christenthum. Wenn Leibniz durch seine optimistische Theodicee, Kant durch die Moralreligion, Hegel durch dialektische Deuteleien, welche den i h m wesentlich schei-

---

*) Schelling lässt sich freilich in dieser sonnenklaren Consequenz durch religiöse Vorurtheile wieder irre machen, II. 3, 286 ff, worauf wir noch zurückkommen.

nenden Theil des Inhalts von der anhaftenden Form der Vorstellung reinigen sollten, versucht hatten, zwischen dem Christenthum und der Philosophie eine Einigung zu erzielen, so machte Schelling eine letzte gewaltsame Anstrengung, um das abwärts rollende Rad dicht vor dem Abgrunde zum Stehen zu bringen, und noch einmal das wankende Christenthum seinem ganzen positiven Inhalte nach zu restituiren. Schopenhauer dagegen spricht es aus, dass die christliche Phase der Weltentwicklung (das Mittelalter mit seinen Nachklängen) unwiederbringlich vorüber ist, und dem modernen Bewusstsein kein Genüge mehr thun kann; er vollzieht den seit Thomas von Aquino langsam vorbereiteten Bruch in seiner ganzen Schärfe, was ihm um so leichter fällt, als seine unhistorische Weltanschauung nicht einmal das Bedürfniss in ihm aufkommen lässt, die abgelaufene Phase auch nur zu verstehen. Aber auch für Schelling ist die „Offenbarung nicht Quelle, nicht Ausgangspunkt, wie in der sogenannten christlichen Philosophie. — Die Offenbarung wird in ihr" (der positiven Philosophie) „in keinem andern Sinn vorkommen, als in welchem auch die Natur, die gesammte Geschichte des Menschengeschlechts in ihr vorkommt; die Offenbarung wird auf sie keine andere Autorität ausüben, als die allerdings auch jedes andere Object auf die Wissenschaft ausübt, die sich mit ihm zu schaffen macht." Hierin liegt eine Täuschung über das, was empirische Thatsache ist; denn eben, ob die Thatsache einer Offenbarung (im theologischen Sinne) besteht, das ist für die Wissenschaft eine nicht bejahend entschiedene Frage. Allerdings wird keine Philosophie auf universelle Geltung Anspruch machen dürfen, welche nicht im Stande ist, den Religion-erzeugenden Process im menschlichen Geiste vorstellig zu machen, aber deshalb, weil ein solcher Process diese oder jene Resultate geliefert hat, deshalb brauchen diese Resultate, insofern sie über das subjective Gefühl hinausgehen und objective Behauptungen aufstellen, noch nicht wahr zu sein, wenigstens kann dies nicht von vornherein angenommen werden, sondern es bleibt eben Aufgabe der Wissenschaft, in jedem besonderen Falle zu prüfen, ob diese oder jene mythologischen Anschauungen nicht blos werthlose Spielereien einer poetischen Phantasie waren, ob diese oder jene überlieferte Religion in ihrer Eigenthümlichkeit nicht blos ein zur Ueberwindung bestimmtes und doch nicht übersprungen werden könnendes Stadium der Illusion war. Hiermit fällt Schellings Anspruch, die Religionen als solche auf gleiche

Stufe mit der unabweislichen Autorität empirisch beobachteter Thatsachen, z. B. der Planetenbewegungen, stellen zu wollen. Es ist tief zu beklagen, dass Schelling durchaus von religiösen Vorurtheilen präoccupirt war, welche ihm die dem Philosophen unentbehrliche Freiheit des Denkens raubten und, wie wir schon oben beim practischen Postuliren des persönlichen Gottes sahen und noch öfter sehen werden, auf seine Leistungen häufig den allernachtheiligsten Einfluss geübt haben. Schon im Jahre 1812 giebt Schelling gleichsam ein Programm seines religiösen Glaubens (vgl. I. 8, S. 92—93), dem er später treu geblieben ist und in welchem der persönliche Gott und die persönliche Unsterblichkeit eine Hauptrolle spielen. Es bezeichnet dieses Glaubensbekenntniss den Höhepunkt des Baader'schen Einflusses. Die mystische Form, welche in der Abhandlung über die Freiheit am stärksten hervortritt, hat Schelling ziemlich bald wieder glücklich überwunden, die theistisch-christlichen Neigungen und Velleitäten aber ist er nie wieder ganz losgeworden, die theologisirende Richtung hat sogar erst in der Philosophie der Offenbarung ihren Gipfel erreicht. Da die Principien Schellings nach wie vor mit diesen Tendenzen absolut unvereinbar waren, so ist durch letztere die naturgemässe philosophische Entwickelung seines letzten Systems schwer geschädigt worden, und der Baader'sche Einfluss auf Schelling müsste daher im Interesse der consequenten Durchbildung der verschiedenen Standpunkte selbst dann als ein für die Philosophie unheilvoller betrachtet werden, wenn jene Tendenzen an und für sich richtig und Schellings Principien falsch wären.

Die Principienlehre.

Wir kommen nun zu dem Kern der positiven Philosophie, der Principien- oder Potenzenlehre. Die ersten Ideen derselben sind in der mystischen Sprache Jacob Böhme's bereits in der Abhandlung über die Freiheit (1809) enthalten, wie diese Schrift überhaupt das Embryo der positiven Philosophie genannt werden kann. (Vgl. I. 7, 357—64.) Eine weitere Ausführung erhielten sie 1811 in dem Bruchstück der Weltalter. Aber wie Schelling selbst diesen Versuch mit gerechtem Misstrauen behandelt hat, so können auch wir jetzt demselben nur das Interesse zuerkennen, ein Uebergangsstadium in Schellings Entwickelung zu repräsentiren, wo sich die letzten Reste seiner früheren Dialektik mit trüber Mystik vereinigen, um die noch nicht geklärten und noch nicht in ihrer einfachen Tiefe erfassten Principien durch Häufung unklarer Unterscheidungen in die Breite zu zerren. In voller Klarheit, durchsichtiger Einfachheit und Kürze erscheinen dieselben dagegen in der „Darstellung des philosophischen Empirismus" (vgl. I. 10, 242—86), dessen letzte Redaction von 1835 datirt. Hier fehlt gänzlich der nutzlose und störende Gegensatz von positiver und negativer Philosophie, so wie die unzeitige Rücksicht auf religiöse Lehren, welche in den beiden folgenden Bearbeitungen: Philosophie der Mythologie und Philosophie der Offenbarung, die beide vom Ende der 20ger bis zur ersten Hälfte der 40ger Jahre der Bearbeitung unterlagen, wieder störender hervortritt. (Vgl. II. 2, Vorlesung No. 2, 3 und erste Hälfte von No. 5, und II. 3, Vorlesung No. 10, 11 und 13.) In diesen zeigt sich, wie unbequem und lästig die künstliche Trennung der positiven und negativen Philosophie war und wie sehr der Stoff selbst dieser Trennung widerstrebte. Trotzdem machte Schelling es zur letzten Aufgabe seines Lebens, (in der zweiten Hälfte der 40ger und Anfangs der 50ger Jahre), die Principienlehre auch auf rein rationale Weise darzustellen („Darstellung der rein rationalen Philosophie", vgl. II. 1, Vorlesung 12, 13, 16, 17, 24 und die angehängte Abhandlung „über die Quelle der ewigen Wahrheiten.") Hier tritt die Ohnmacht der rein rationalen Construction recht deutlich hervor, indem die empirischen Bestimmungen der Principien (Wille und Vorstellung)*) eigentlich nicht zur Sprache kommen sollen, und statt ihrer bloss die Momente des Seienden entwickelt werden sollen, — eine Entwickelung, die aber nicht nur völlig unverständlich bleibt, sondern gar nicht einmal vom Flecke kommen kann, ohne offen oder verstohlen jene empirischen Bestimmungen doch wieder zu Hülfe zu nehmen. Als eine Vorstudie hierzu kann die „Darstellung des Naturprocesses" (1843—4) betrachtet werden (vgl. I. 10, 303—12), welche übrigens zum Hauptzweck hat, von dem neuen Standpunkt aus einen Rückblick auf die wichtigsten Lehren der Naturphilosophie zu geben.

Unentbehrlichkeit beider Principien.

Schon oben haben wir anerkannt, dass bei allem Sein das Dass und das Was zu unterscheiden ist, von welchen das erstere auf ein reales, das letztere auf ein ideales Princip zurückweist

---

*) Das Wort Vorstellung ist hier natürlich in seiner allgemeinsten Bedeutung, nicht im Hegel'schen Sinne gebraucht.

(I. 10, 242—3); das reale Princip ist Eins mit dem, was wir an uns selbst als Wille kennen, das ideale Princip ist die Idee des Dinges, welche sich nach logischem Gesetz bestimmt, und welche, ausser in ihrem Niederschlag an der fertigen Erscheinung, uns nur im Vorstellungsact, im Gedanken bekannt ist. Der Wille giebt dem Dinge seine Widerstandsfähigkeit, seine Wirksamkeit und Wirklichkeit, die Idee macht, dass das Ding ein solches ist, wie es ist, dass es so wirkt und so erscheint. „Der Weltbau zeigt deutlich genug die Gegenwart einer inneren geistigen Potenz bei seiner ersten Entstehung, aber ebenso unverkennbar ist der Antheil, der Miteinfluss eines vernunftlosen (irrationalen) Princips, das nur beschränkt, nicht überwältigt werden konnte." (I. 8, 328.) Es entsprechen diese Principien denen der Pythagoräer, „welche lehrten, dass aus dem Unbegrenzten (ἄπειρον) und dem Begrenzenden (τὸ περαῖνον) alles (die ganze Welt und jedes Ding) entstanden sei und bestehe. . . . dass das Grenzenlose schlechthin nicht würde erkannt werden können, weshalb sie auch von dem Begrenzenden sagten, es sei τὸ εἰδοποιοῦν (εἶδος heisst bekanntlich Form und Gestalt, aber auch Begriff.)" Plato übernimmt diese Principien, und identificirt das περαῖνον mit dem ἕν, oder dem Inbegriff der Ideen. Auch gilt für dieses, was er anderwärts von dem νοῦς sagt, dass er die Nothwendigkeit durch Ueberredung zum Besten lenke. (II. 1, 393—4.) Andererseits stimmen mit diesen Principien die Attribute des Spinoza überein, das Denken mit der Idee, und die Ausdehnung (worunter nur das real Ausgedehnte, nicht die gedachte Ausdehnung zu verstehen ist) mit dem blinden, im Wollen ausser sich gerathenen Willen (II. 2, 72).

Die beiden Principien bilden zwar einen Gegensatz; aber „der Unterschied ist nicht wie zwischen Widersprechenden*); sie sind durch blosse Beraubung, nur κατὰ στέρησιν unterschieden, d. h. dass einfach dem einen fehlt, was das andere ist" (II. 1, 318). Der Wille ist unlogisch, verstandlos (I. 7, 359; I. 10, 242) blind, die Idee ist willenlos (II. 2, 112), interesselos, kalt; selbst die in der Idee stattfindende Bewegung ist nur eine logisch bestimmte, nicht von einem Willen getragene (II. 1, 375 Z. 14—16), was freilich nicht ausschliesst, dass ein Wille die Ursache von dem ersten Anheben dieser Bewegung sein könne. Die Idee ist zu vergleichen mit einem Menschen, der wohl auf's feinste wahrnimmt,

---

*) Hiermit fällt jede dialektische Velleität, die noch in den Weltaltern deutlich hervortritt.

aber durch Depotenzirung der schmerzempfindenden Theile des Hirnstamms oder der ästhesodischen Fasern des Rückenmarks zu der Empfindung von physischem Schmerz und Lust unfähig worden ist, welcher Zustand der Analgesie bei Somnambulen oder nach hohen Graden der Folter vorkommen soll, und an Thieren mit dem Secirmesser zu demonstriren ist. Die Idee ist interesselos, denn zum Interesse gehört die Fähigkeit des Wollens und Lust- und Schmerz-Empfindens. Darum hat sie auch kein Interesse daran, ob sie ist oder nicht ist, d. h. ob ihr ein Antheil am wirklichen Sein zu Theil wird.

Aus diesem Verhalten folgt, dass keins der beiden Principien für sich allein genügen kann, um zur Wirklichkeit zu führen, bezüglich um dieselbe zu erklären. Denn die Idee kann eben ihrer Natur nach nie aus ihrer Sphäre der reinen Möglichkeit heraus, sie kommt von sich allein gar nicht zum Sein ausser der Idee. „Alles Wollen aber muss etwas wollen; da entsteht demnach die Frage wegen des Was" (II. 1, 462). Ein Wollen, das gegenstandslos ist, ein leeres Wollen, kann höchstens sich wollen (=Sucht) (II. 1, 462); aber es kann nicht einmal sich wirklich wollen, weil es vor dem Wollen sich ja noch nicht hat, und wiederum nicht wirklich wollen kann, ohne etwas zu wollen. Das leere Wollen, das nichts als wollen will, und doch nicht wollen kann, weil es nicht weiss, was es will, und nicht weiss, was Wollen ist, dieses leere Wollen ist also ein blosses Würgen und Ringen nach dem Sein, ohne es für sich allein wirklich erreichen zu können, es ist nur ein activ-Werden, eine Entzündung des Willens in sich selbst (II. 2, 37). Dieser „Wille, in dem kein Verstand ist", ist „die Sehnsucht, die das ewig Eine empfindet, sich selbst zu gebären" (I. 7, 359), der blosse Hunger nach dem Sein. Aber das Wort — in dem Sinne, wie man sagt: das Wort des Räthsels — das Wort jener Sehnsucht ist die Vorstellung, — jene Vorstellung, die zugleich der Verstand ist (I. 7, 361); denn unter Verstand verstehen wir eben „das nicht Erschaffende, sondern Regelnde, Begrenzende, dem unendlichen, schrankenlosen Willen Mass" (und Ziel) „Gebende" (I. 10, 289). Nun ist das Ringen des Willens nach dem Sein kein leeres Greifen in die Luft mehr, nun ergreift er die Vorstellung oder Idee, nun hat er auf einmal den Inhalt gefunden, den er wollen kann, nun „spricht er das Wort aus", in welchem Wille und Vorstellung wie Selbstlauter und Mitlauter verbunden sind (I. 7, 363); nun erst kann er wirklich wollen, und

das reale Sein ist da, ist da als ein Product von Wille und Vorstellung, als ein von männlichem (anstürmendem) und weiblichem
(sich hingebendem) Princip gemeinsam Erzeugtes. Keines der
Principien führt für sich allein zur Wirklichkeit, darum ist Hegels
wie Schopenhauers Philosophie einseitig und falsch, nur beider
Vereinigung führt zum Ziel, zu der Möglichkeit, die Erfahrung zu
begreifen und zu erklären. Nachdem wir so beide Principien
a posteriori gestützt haben, gehen wir zur näheren Betrachtung
derselben im Einzelnen über.

Die Principien in Ruhe.

„Der Anfang der Philosophie ist, was vor dem Sein ist, versteht sich vor dem wirklichen", einmal gewordenen, zufälligen, uns
empirisch gegebenen.... „Soweit es vor dem Sein ist, ist es
eigentlich selbst noch nichts, nämlich nichts im Vergleich mit dem
.... Sein, über das wir eben hinausgegangen sind, das wirkliche."
Gleichwohl „betrachten wir das, was vor dem Sein ist, doch nur
in Bezug auf eben dieses Sein, denn ein anderes Mittel, es zu
bestimmen oder zu erkennen, giebt es für uns nicht.... In Bezug
auf dieses Sein ist es aber .... das noch nicht Seiende, aber
das sein wird." Dieses aber kann „seiner Natur nach und wenigstens in unserem ersten Denken" (*primo loco*, oder zunächst)
„nichts anders sein als das unmittelbar sein Könnende" (II. 3,
204). „Das Seinkönnen ist hier nicht in jenem passiven Sinn zu
denken, in welchem wir von zufälligen Dingen sagen, dass sie sein
und nicht sein können, nämlich unter gewissen Bedingungen und
wenn diese gegeben sind" (II. 2, 35); von solchen Bedingungen
kann hier nicht die Rede sein, sondern dieses Seinkönnende ist
die lautere Macht, das unbedingte Vermögen, unmittelbar und von
selber sein zu können, es ist die reine *potentia existendi*. „Nun
kennen wir aber keinen andern Uebergang *a potentia ad actum* als
im Wollen. Der Wille an sich ist die Potenz κατ᾽ ἐξοχήν, das
Wollen der Actus κατ᾽ ἐξοχήν. Der Uebergang *a potentia ad actum*
ist überall nur Uebergang vom Nichtwollen zum Wollen. Das unmittelbar Seinkönnende also ist dasjenige, was, um zu sein, nichts
bedarf, als eben vom Nichtwollen zum Wollen überzugehn" (II. 3,
205—6), d. h. es ist der Wille. „Jedes Können ist eigentlich
nur ein ruhender Wille, sowie jedes Wollen nur ein wirkend ge-
wordenes Können" (II. 3, 205). Das, was sein kann, muss seinem
Begriff nach auch nicht sein können, denn könnte es nur sein und

nicht nicht sein, so wäre es nicht das sein Könnende, sondern das sein Müssende, es wäre falsch, ihm die Möglichkeit zuzuschreiben, wo es der Nothwendigkeit unterworfen ist; man wäre mit einem solchen sein Müssenden eben nicht über das nothwendig Seiende hinausgekommen, und am allerwenigsten könnte von einer Potenz des Seins die Rede sein. Schelling begeht in der That diese Inconsequenz, die er durch die Wendung zu entschuldigen sucht, es sei dem Seinkönnenden natürlich*), sich in's Sein zu erheben, und die Erhebung deshalb unvordenklicher Weise vor sich gegangen. Er that dies, erstens, um sich den rein rationalen Uebergang zum andern Princip zu erleichtern, zweitens aber auch, um die volle Freiheit der Willens-Wahl für den mysteriösen Urmenschen aufzusparen, worauf wir noch zurückkommen. Wir können consequenter Weise nicht anders sagen, als dass aus dem Begriff des absoluten Seinkönnens auch die absolute Freiheit folgt, zu sein oder nicht zu sein, die Erhebung in's Sein zu vollziehen oder zu unterlassen. (Denn in dem auch Unterlassenkönnen besteht die wahre Freiheit, vergl. II. 3, 209 und I. 8, 306).

Wir müssen uns nun nach dem andern, dem idealen Princip,

---

*) Diese Behauptung ist so falsch, dass ihr Gegentheil wahr ist. Die Berufung auf den individuellen, endlichen, bestimmten Willen (z. B. den Bewegungstrieb, — II. 2, 36) ist unzulässig, weil es sich da nur um Präcisirung des vorhandenen activen Weltwillens nach bestimmten Richtungen hin handelt, und es auch diesem individuellen Willen gewöhnlich nur dann natürlich ist, sich in bestimmter Richtung geltend zn machen, wenn die Vorstellung einer zu erwartenden Lust oder zu vermeidenden Unlust ihm ein Motiv bietet. „Wenn es aber Einmal kann, warum ist es nicht von jeher übergegangen?" (II. 3, 209). Diese Frage ist ganz verfehlt gestellt, denn es „schwindet jene Ewigkeit vor der Welt unmittelbar zu Nichts, oder, was ebensoviel ist, zu einem blossen Moment zusammen" (I. 8, 307), so dass die Entscheidung seit Ewigkeit her, oder von jeher, eine einmalige ist, wie in einem gegebenen Moment. Schelling sagt ferner: die Potenz des Seins „wäre durch nichts vom Sein abgehalten oder abzuhalten". Abgehalten vom Sein ist sie gewiss durch nichts, sie braucht es nur zu wollen; aber sie ist auch durch nichts zum Sein hingezogen, oder durch nichts abgehalten, in ihrem Zustand der reinen Potenz zu bleiben. Abzuhalten vom Sein ist sie ebenfalls durch nichts, vorausgesetzt, dass sie es ergreifen will, — welchen Conditionalsatz Schelling vergisst — noch weniger aber ist sie durch irgend etwas zur Erhebung zu nöthigen, oder von ihrer Unterlassung abzuhalten, so lange sie nicht will. Weit entfernt also, dass die Erhebung in den Actus der Potenz der natürliche Zustand sei, ist vielmehr grade umgekehrt nach dem Gesetz der Trägheit das Verharren in ihrem Wesen, also im Zustande der reinen Potenzialität, das Natürliche, denn grade Schelling hebt ja so oft die Identität von Wesen und Natur hervor.

als Moment des Seienden umsehen. Wir wissen, dass es dem ersten so entgegengesetzt ist, dass es das, was das erste ist, nicht ist. Nun ist das erste lautere Potenz, *potentia pura*, also wird in dem zweiten gar nichts von Potenz enthalten sein (II. 3, 214). Es kann aber auch „kein *actu* Seiendes" sein, wie das erste nach der Erhebung; „denn ein *actu* Sein wird nur da wahrgenommen und angenommen, wo ein Uebergang *a potentia* stattfindet" (II. 2, 81); aber dieser fehlt hier. „Das auf solche Weise Seiende ist daher auch = Nichts, insofern es nicht als ein *actu*, mit Actus Seiendes gedacht werden kann." (Ebend.) Diese Weise, zu sein, entspricht ganz dem ideal Seienden, dem Sein der ewigen Idee (vor der Verwirklichung), welches auch potenzlos ist und doch im Vergleich mit dem real Seienden = Nichts ist. Schelling nennt dieses zweite Princip deshalb auch das rein Seiende, wobei das rein soviel wie „rein von Potenz, potenzlos" bedeutet; er nennt den Zustand im Gegensatz zur *potentia pura* auch *actus purus* (II. 2, 50), ein Ausdruck, der nicht ohne Bedenken ist, da der Begriff *actus* hier eben nichts weiter mit der gewöhnlichen Bedeutung dieses Worts (wirkend gewordener Wille) gemein hat, als den Gegensatz zur Potenz, jener selbst aber entgegengesetzt ist, wie etwas Ursprüngliches einem Abgeleiteten, das nicht einmal von ihm selbst abgeleitet, sondern ihm ganz fremd ist. Nur mit dieser Erinnerung ist das Wort *actus purus* zu brauchen. Die Bemühungen Schellings, das rein Seiende, ohne Rücksicht auf seine concrete Bestimmung, als Idee aus dem Seinkönnenden abzuleiten, fallen so kläglich aus, dass ich sie nicht erst berühre (II. 2, 44; II. 3, 210—11);·daher er auch in II. 3, 214—15 darauf zurückkommt, es aus „der Armuth und Bedürftigkeit des Wollens" heraus zu fordern, dem das Etwas fehlt, welches es wollen könne. Dieser Gegenstand (Object) oder Ziel des Wollens kann natürlich nur ideal gegeben sein, da er nur gewollt werden kann, insofern er noch nicht ist und doch wieder in gewisser (idealer) Weise sein muss, um gewollt werden zu können. Gleichwohl umgeht Schelling in seinen späteren Werken — und zwar je später je mehr — wie mit Absicht*) die offene Erklärung, dass dass rein Seiende

---

*) Es ist dies Verhalten nicht etwa daraus zu erklären, dass er bei der Deduction der Momente des Seienden nur die empirischen Bestimmungen bei Seite lassen wolle, — denn er führt ja für das Seinkönnende die concrete Bestimmung des Willens fortwährend erläuternd an. Die Absicht liegt tiefer. Nach dem Satz, „dass dem einen der Principien fehlt, was das andre ist" (II. 1, 318)

nichts anderes als das ideale Princip (I. 10, 242—43) die logische
Idee, die Vorstellung, der Verstand (vgl. oben), die absolute In-
telligenz (II. 2, 63. Z. 20— 23) ist, dass ihre Weise des Seins, ihr
actus purus, das Sein in der Idee ist. In früheren Schriften
spricht er sich darüber weit offener aus. In I. 10, 249 sagt er:
„Das erste ist das Ungeistige, das zweite das das Ungeistige Ueber-
windende und so den Geist vermittelnde‟; ebenso in I. 8, 248,
dass das zweite Princip zum ersten sich wie Geistiges zu Leib-
lichem verhalte und die hauptsächliche Grundlage der Geisterwelt
sei. — Dieses Princip ist das Wissende, aber nicht sich-Wissende,
oder wissend-Wissende, d. h. nicht ein Bewusstes, sondern nur
ein substantiell-Wissendes, und zwar, da nichts anderes Wissbares
da ist, Gott Wissendes (I. 10, 264). Es ist das ideale Ebenbild

kann in dem rein Seienden nichts von Willen sein, also auch nichts von erigirtem
Willen, von Wollen, sonst wäre es ja auch nicht mehr rein Seiendes, und der
Unterschied von dem realisirenden Princip wäre verschwunden. Schelling aber,
der in II. 1, 388 das blinde, die Potenz verwirkthabende und nicht von selbst
zu ihr zurückkehren könnende Wollen ein willenloses Wollen nennt, scheut sich
trotzdem nicht, auch das rein Seiende ein willenloses Wollen zu nennen (II. 2, 51).
„Das rein Seiende ist = dem völlig willen- und begierdelosen, dem ganz ge-
lassenen Willen, denn es hat das Sein nicht zu wollen, weil es das von
selbst, d. h. das an und vor sich, gleichsam ohne sich selbst seiende ist‟ (II. 3,
213). Wenn diesen Satz irgend etwas beweist, so beweist er den Unsinn, in das
rein Seiende ein Willenartiges hineinpropfen zu wollen. Dennoch heisst es schon
auf S. 215 wieder: „das rein und unendlich Wollende‟! Solche Widersprüche
packt nur der so eng zusammen, der durch eine vorgefasste Tendenz geblendet
ist. Diese will ich jetzt enthüllen, und man wird dann begreifen, dass Schelling
sich gehiren musste, das rein Seiende als Idee auszusprechen, da er sich dann
wohl kaum noch diese Confusion hätte erlauben dürfen. — Es kommt Schelling
in seiner Philosophie der Offenbarung deshalb so viel darauf an, dass jedes
Princip einen Willen repräsentirt, weil später aus den Principien die Personen
der Dreieinigkeit werden sollen! Da er nämlich nach seinen eigenen
früheren, von ihm niemals widerrufenen oder widerlegten Beweisen der Unmöglichkeit eines Selbstbewusstseins des Absoluten von vornherein darauf verzichten
muss, die eine Bedingung der Persönlichkeit, das Selbstbewusstsein, in
den einzelnen Principien nachzuweisen, so schränkt er wohlweislich die Definition der Persönlichkeit auf die andere Bedingung derselben, den eigenen
Willen ein: „Persönlich nennen wir ein Wesen grade nur, inwiefern es frei
vom Allgemeinen und für sich ist, inwiefern ihm zusteht, ausser der Vernunft,
nach eigenem Willen zu sein‟ (II. 1, 281). In der Hoffnung, den Principien
für später die Persönlichkeit zu retten, und so der christlichen Dreieinigkeits-
lehre näher zu kommen, muss wohl oder übel nicht nur das rein Seiende oder
die Idee, sondern sogar das sogenannte dritte Princip, die substanzielle Einheit
des ersten und zweiten, zu einem Willen umgestempelt werden!

Gottes (I. 7, 360—61), d. h. alles, was in Gott ist, ist auch idea-
liter in der Idee und somit auch die Principien und ihre substantielle Einheit.*) Ebenso, als die Schöpfung vor sich gehen sollte,
„ging alles, was einst wirklich werden sollte, vor dem Auge des
Ewigen vorüber“ (dies darf nicht als zeitlicher oder discursiver
Vorgang missverstanden werden), „und er ersah wie in einem
Blick oder Gesicht die ganze Stufenleiter künftiger Bildungen .... Aber alle diese Gestalten und Bildungen haben für
sich keine Wirklichkeit .... Also ist dieses ganze Leben zwar
nicht schlechthin und völlig nichtig; aber gegen die Gottheit als
ein Nichts, ein blosses Spiel, das auf keine Wirklichkeit Anspruch
macht, in der blossen Bildlichkeit stehen bleibt, und jene Gestalten sind gegen die Gottheit nur wie Träume oder Visionen, die
wohl wirklich werden könnten, wenn er den nichtseienden riefe,
dass sie seiend sein“ (I. 8, 280—81).

Aber alle solche Intuitionen der ewigen Idee sind unbewusste:
„Ein ewiges Bewusstsein lässt sich nicht denken, oder“ (?) „es
wäre der Bewusstlosigkeit gleich.... Das Bewusstsein besteht nur
im Act des Bewusstwerdens, und so lässt sich auch in Gott
nicht ein ewiges Bewusstsein, nur ein ewiges“ (?)**) „Bewusstwerden
denken“ (I. 8, 262—3). „Soll es das wissend-Wissende Gottes
sein (dies lässt sich voraussehen), so muss es erst ausgehen von
Gott, um in der Wiederkunft und Wiederkehr in Gott das ihn
actuell Wissende zu sein“ (I. 10, 264). Dies geschieht nur***) im

---

*) Ich erinnere hier daran, dass die rein rationale Philosophie, welche aus
der Sphäre der Idee nicht heraus kann, auch die Principien und ihre substantielle Einheit nur so erreicht, wie sie hier in der Idee oder in dem rein Seienden, als in einem Ebenbilde ihres eigentlichen Seins, abgespiegelt sind (vergl.
II. 1, 313).

**) Kann nur heissen „immerwährendes“, denn ein (nicht blos logisches)
Werden ist nur zeitlich zu denken, also nicht ewig im strengen Sinne des
Worts.

***) In seiner späteren theologischen Zeit hat Schelling allerdings versucht,
im Widerspruch mit seinen früheren Darlegungen diese Wahrheit stellenweise,
aber möglichst unvermerkt, zu verleugnen, ohne jedoch nachweisen zu können,
wie Gott es anfangen soll, zu dem ihm anfänglich fehlenden Bewusstsein zu gelangen, anders als durch Vermittelung eines natürlichen individuellen Organismus. Er hat weder versucht, seine früheren Nachweise der Undenkbarkeit und
Unmöglichkeit eines an sich seienden Bewusstseins des Absoluten zu widerlegen
(nicht einmal gewagt, ihnen ausdrücklich zu widersprechen), noch hat er
versucht, die Art und Weise dieses Bewusstseins zu bestimmen, noch auch einen
wissenschaftlichen Grund für ihre Annahme zu zeigen.

Menschen, denn nur der Mensch ist „das Gott als Gott erkennende Wesen. Weil die Gottheit nur im Menschen ihr Ziel und ihre Ruhe findet, darum ist ihr so viel an dem Menschen gelegen", dass man nicht umhin kann, dem Worte zuzustimmen: „*Dieu est fou de l'homme*"; es ist ihm Alles an ihm gelegen, er kann von dem Menschen nicht lassen, denn der Mensch ist das Band der göttlichen Einheit (I. 10, 272—3).

Wir kehren nun zu den Principien als Momenten des Seienden zurück. Beide stimmen darin überein, dass sie sich dem uns bekannten und gewöhnlich so genannten Sein oder *actu*-Sein gegenüber als Nichtseiende verhalten, wie in einem Kreise von unendlich kleinem Radius der Mittelpunkt und der Umkreis in ihrer Ausdehnungslosigkeit übereinstimmen und sich in diesem Sinne nur dem Wesen nach oder dem Begriff nach, aber noch nicht in Wirklichkeit unterscheiden (II. 2, 83). Gleichwohl ist die Art und Weise ihres Seins verschieden. Das Seinkönnende hat ein blos potentielles Sein, d. h. es ist eigentlich nicht, sondern weset nur (II. 1, 288), denn Potenz = Wesen (II. 3, 76). Das rein Seiende steht dem *actu* Seienden noch ferner als das Seinkönnende (II. 3, 213), welches doch wenigstens sich unmittelbar in's Sein erheben kann, während das rein Seiende warten muss, bis es von einem andern in's *actu*-Sein hineingezogen wird. Man kann auch das Seinkönnende das urständliche, das rein Seiende das gegenständliche Sein nennen (II. 1, 288), welchem die Ausdrücke Subject und Object*) entsprechen. Das Subject, mit dem ich einen Satz beginne, ist noch

---

*) Man muss beim Subjectiven und Objectiven zwei verschieden abgeleitete Bedeutungen unterscheiden, deren eine man die psychologische, die andere die sprachliche oder logisch-grammaticalische nennen kann. In Schellings früherem Philosophiren tritt ausschliesslich die erstere, in seinem letzten System überwiegend die letztere hervor. In der Naturphilosophie wurde das Reale mit dem Objectiven, das Ideale mit dem Subjectiven identificirt, indem die fortschreitende Verinnerlichung und Subjectivirung mit dem zunehmenden Uebergewicht des Idealen gleichbedeutend war. Noch in dem Aufsatz „über den philosophischen Empirismus" (1835) braucht er das Subjective in diesem Sinne (I. 10, 241—2). Von da an aber ändert sich die Bedeutung und kehrt sich das Verhältniss um: der Wille oder das Seinkönnende wird Subject, Substrat, ὑποκείμενον des Prozesses, das rein Seiende wird das objectiv, d. h. nur für Anderes Seiende, es wird dem Willen Object (Gegenstand) des Wollens. Es ist dies vielleicht ein Nebengrund für Schelling gewesen, die Bestimmung der Idee zurückzuweisen, auch giebt dieses Verhältniss von Neuem zu erwägen, ob die Bedeutung, welche subjectiv und objectiv bei den Scholastikern hatten, nicht weit philosophischer war.

nicht als ein seiendes gesetzt, und doch ist es schon in gewisser
Weise gesetzt („denn wie könnte das ganz und gar Nichtseiende
auch nur Subject sein?" — II. 1, 288), als ein Mögliches, welches
nur dessen harrt, dem es Subject ist, um als seiendes gesetzt zu
sein (vergl. II. 3, 227—9). Gradeso ist unser sein Könnendes gesetzt. „Es ist nicht, was wir wollen, denn wir wollen, was in
jedem Sein das Seiende ist, aber wir können jenes darum nicht
wegwerfen, denn wir müssten immer wieder so anfangen; es ist
ihm im Denken überhaupt nichts vorzusetzen, es ist schlechthin
das erste Denkbare *(primum cogitabile)*" (II. 1, 289). Das rein
Seiende ist „das nicht Sich-Seiende, ja das nur diesem" (dem
Willen) „sein Könnende, und es also Voraussetzende" (II. 1, 52).
„So wenig ein Prädicat sein kann ohne Subject, von dem es getragen wird", so wenig kann dieses objective Sein gedacht werden,
ohne ihm bereits ein Subject vorauszusetzen, dem es Object ist.
„Wir können nicht so zu sagen in Einem Athem das blosse Subject und sein Gegentheil, das bloss d. h. subjectlos Seiende setzen;
wir können jenes (— A) nur zuerst, dieses (+ A) hernach, d. h.
wir können beide nur als Momente des Seienden setzen" (II. 1,
289). Zur Erläuterung diene, dass Schelling das gegenständliche
Sein mit + A, und danach das urständliche Sein mit — A bezeichnet, ohne darin mehr als conventionelle Chiffern zu sehen,
da der Gegensatz der Principien nicht wie der zwischen + A und
— A ein conträrer, sondern ein positiv contradictorischer ist, wie
ich diese Gattung nenne (vgl. „Ueber die dialekt. Meth." S. 101 ff.).
Ausserdem hat er noch eine andere Bezeichnungsweise (II. 1, 391),
indem er dem A nach der Reihenfolge der Denkbarkeit Zahlen
anfügt, also — A = A¹, + A = A² setzt (wobei durchaus nicht
etwa an mathematische Potenzen zu denken ist, daher auch die
Ziffern besser unten als oben ständen).

Wir gehen nun zu dem sogenannten dritten Princip über,
welches also in der zweiten Bezeichnungsweise die Chiffer A³ erhalten wird. A³ kann weder bloss +A sein, noch kann es bloss
—A sein, sonst hätten wir nichts Neues, es wird also von beiden
(d. h. als Einzelnen) ausgeschlossen sein; es wird ein ausgeschlosse-
nes Drittes sein. Dies ist erst eine negative Bestimmung; positiv
wird man es als die Identität oder Einheit beider bezeichnen dürfen
= ± A; denn es ist nur von jedem Einzelnen ausgeschlossen,
nicht von ihrer Einheit (II. 1, 290). Eine Einheit beider ist ferner
— ohne Aufhebung des Resultats zu Null — möglich, weil sie

nicht im conträren*) Gegensatze stehn, sondern im positiv contradictorischen, und bloss die möglichst heterogenen Gattungen repräsentiren. Indessen wenn man sich diese Einheit als eine Verbindung von beiden, also A³ bloss als ein Zusammengewachsenes (Concretes) aus A¹ und A² denken wollte (II. 1, 290 oben), so würde man damit erstens wiederum weder etwas Neues, noch ein Princip erlangen, und zweitens zu dem gewordenen Sein hinabsteigen, während die Principien im Ueberseienden sind (II. 3, 236 Z. 4). Hiernach scheint es auch mit der Einheit nicht zu gehen, da wir dialektische Vermittelungen (die auch Schelling nach den Weltaltern verschmäht), von vornherein ausschliessen müssen. Hier müssen nun wiederum die empirischen Bestimmungen aushelfen, da *a priori* überhaupt nicht einzusehen ist, warum man sich noch nach einem Dritten umthun soll, und warum die ersten beiden Principien nicht ebensogut unverbunden neben einander stehen, als eine Einheit bilden sollten. Aber die Erklärung des gewordenen Seins fordert gebieterisch die Vermählung der Principien; der erhobene Wille, das Wollen, muss die Idee an sich reissen, die Idee den blinden Willen zum Besten lenken. Es bliebe unverständlich, wie diese Beziehungen möglich wären, wenn nicht vorher schon, d. h. noch vor dem Wirksamwerden, in der Ruhe, eine Einheit unter den Principien bestände; denn in den Principien als solchen liegt diese Beziehungsfähigkeit nicht. Wir werden also nach jenem „heimlichen Bande, der verborgenen Kraft ihres Einsseins" (I. 8, 276) suchen müssen, und zugleich in ihm etwas Neues, ein in den beiden ersten Principien noch nicht ausgesprochenes Drittes anerkennen müssen. Dieses geheime Band nun kann nichts anderes sein, als „Identität im strengsten Sinne", d. h. als „substantielle Identität" (II. 3, 218 Z. 6—7). Schon in der Kritik Hegels tadelt er diesen, dass von ihm „dem Gedanken der Begriff substituirt, und dieser als etwas sich selbst Bewegendes vorgestellt wird, und doch der Begriff für sich selbst ganz unbeweglich liegen würde, wenn er nicht der Begriff eines denkenden Subjects, d. h. wenn er nicht Gedanke wäre" (I. 10, 132); er verwahrt seine Philosophie gegen ähnliche Vorwürfe, indem er bemerkt, dass es bei ihm von Anfang an das Subject sei, welches als

---

*) Wenn Schelling gleichwohl bisweilen diesen Ausdruck braucht (z. B. II. 1. 290), so zeigt er nur, dass er sich dessen Bedeutung und Consequenzen (Aufhebung zu Null) nicht klar gemacht hat.

Träger der Bewegung in die Entwickelung eingetreten sei. So werden wir uns auch hier nicht wundern dürfen, dass Schelling sich nicht mit allgemeinen, also abstracten Principien (Wille und Idee) begnügt, sondern nach dem Subject fragt, welches will, und welches vorstellt, dass er für die seinsunfähigen Allgemeinheiten seiner Principien ein substantielles Einzelwesen verlangt, welches ihre Existenz trage, welches sie sei (II. 1, 586 Z. 6—8). „Substanz ist, was für sich selbst, ausser einem andern besteht" (II. 3, 218). Nun sind die beiden ersten Principien nicht selbstständig für sich, ausser einander Bestehende, also sind sie nicht Substanzen. „Sie sind nicht selbst Substanz, sondern nur Bestimmungen" (Attribute) „des Einen Ueberwirklichen" (II. 3, 218).

„Der gesundeste Mensch trägt die Möglichkeit der Krankheit in sich, aber der gesunde Mensch und der krank sein könnende Mensch sind nicht zwei verschiedene Menschen, sondern nur ein und der nämliche Mensch, der eine schliesst den andern nicht aus. Ganz ebenso demnach sind das Seinkönnende und das rein Seiende nicht zwei verschiedene Subjecte, sondern nur ein Subject; das Eine ist nicht das Andere, und dennoch ist das eine" (grammatikal. Object), „was" (grammatikal. Subject) „das andere ist, nämlich dieselbe Substanz." (II. 3, 222.) Mit einem Wort, wir haben eine Substanz mit zwei Attributen, wir setzen nicht $1 + 1 + 1$, sondern immer nur 1 (II. 3, 236), die Substanz, aber bald unter dem einen, bald unter dem andern Attribut, bald als Substanz selbst im Gegensatz zu den Attributen. Die Substanz ist nicht ohne die Attribute, dennoch ist sie über den Attributen, ist mehr als diese, nämlich Substanz. Weil sie über den Attributen ist, ist sie ein Drittes neben den beiden Attributen; weil sie nicht ohne die Attribute ist, ist sie auch die Einheit derselben, also in der That $\pm A$, aber noch mehr als dies. Wir können die Substanz nicht denken, ohne die Attribute zu denken; um das sowohl das $-A$ als das $+A$ Seiende zu denken, muss ich immer wieder mit dem Denken von $-A$ anfangen, und so fortschreiten; anders kann ich es nicht fassen (II. 3, 234). Jedes der vorigen Principien war einseitig. Das $-A$ konnte nur entweder Potenz, oder Aktus sein, das $+A$ war nichts als *actus purus*; das dritte aber, welches beide ist, ist mithin immer gleichzeitig sowohl das, was das eine ist, als das was das andre ist, und ist folglich nicht mehr einseitig (II. 3, 235). Diese „substantielle Identität", oder

diese im ersten und zweiten Princip „identische Substanz"
ist A³ (vgl. II. 2, Z. 4—2 von unten).*)

Wir haben für dieses A³ noch keinen Namen. Man könnte
es „das absolute Subject" nennen, als dasjenige, „das zu nichts
anderem, und zu dem alles andere nur als Attribut" (Prädicat)
„sich verhalten kann" (II. 1, 318). Nun sucht aber Schelling die
eigentliche Bedeutung des *sub-jectum* in dem, was einem andern
unter-liegt (ὑποκείμενον, ὑποτιθέν), unterworfen, oder unterthan ist.
Diese Bedeutung freilich passt nur auf das erste Princip, nament-
lich im Zustande der Erhebung, wie wir noch sehen werden, und
findet auf die Substanz keine Anwendung (II. 1, 319). Schelling
beruft sich (ebenda) auf Aristoteles, der aus demselben Grunde nie
die οὐσία als ὑποκείμενον bezeichne, vielmehr die ὕλη so nenne, und
sogar aus diesem Grunde abgeneigt sei, die ὕλη οὐσία zu nennen.
Wir müssen also bei der unangenehmen Vieldeutigkeit des Wortes
Subject nach einem andern Namen suchen. ·

*) Wenn Schelling anderweitig diesen klaren und einleuchtenden Ausein-
andersetzungen widerspricht, indem er auch A³ als ein mit A¹ und A² auf gleicher
Stufe stehendes Princip behandelt, ihm demgemäss ebenso wie diesem die Sub-
stanzialität abspricht und es mit zum Attribut werden lässt (z. B. II. 1, 318),
so wird, da doch von zwei widersprechenden Behauptungen nur eine acceptirt
werden kann, niemand Bedenken tragen dürfen, mit mir die einfachere, natür-
lichere, und sich von selbst ergebende anzunehmen. Wenn man A³ mit zum
Attribut herabsetzt, so zergeht einem erstens dessen Begriff unter den Fingern,
der nur in der substanziellen Identität von A¹ und A² besteht, und wird
man zweitens natürlich, zum Aufsuchen einer neuen Substanz und eines
4. Princips genöthigt, welches nunmehr die überseiende Einheit von A¹, A² und
A³ herstelle (vergl. z. B. II. 1, 399 ff.). Selbstverständlich kommt bei der nun-
mehrigen neuen Substanz durchaus nichts anderes heraus, als was schon
bei A³ zu Tage kam, und am Schluss der 10. Vorlesung der Phil. d. Offenbarung
so trefflich entwickelt ist. Gradezu abgeschmackt aber muss die Erörterung
der Frage erscheinen, wodurch A³ (die Einheit von A¹ und A²) mit A¹ und A²
geeint sei; denn mit demselben Recht könnte man über die neue gefundene
Einheit weiter fragen, wodurch die Einheit von A¹, A² und A³ mit A¹, A² und
A³ geeint sei, und so fort in's Unendliche. In der Philosophie der Offenbarung
(10.—12. Vorlesung) war Schelling noch am nächsten daran, diesen Ballast zu
überwinden, aber das Studium des Aristoteles und die künstliche Parallelisirung
seiner Principien mit dessen Ursachen führte ihn später von Neuem irre. Neben
dem unglücklichen Dualismus der negativen und positiven Philosophie, welche
ihn auch von der Identification des A³ mit dem Vierten, A⁰ zurückhielt (vergl.
II. 2, 82—84 und II. 1, 387 Anm.), lag wohl der Hauptgrund gegen dieselbe
wiederum in der theologischen Trinitätslehre, welche nicht damit ver-
einbar ist, das Dritte als bloss substantielle Identität der beiden ersten an-
zusehen.

Wir wissen, A³ ist die sowohl sein könnende, als auch rein seiende Substanz; aber diese abstracten apriorischen Bestimmungen liefern uns niemals einen Fortschritt, wir müssen uns an die concreten empirischen halten. Hiernach ist A³ die sowohl wollen könnende als auch vorstellende (intuitiv denkende) Substanz. Diese Bestimmungen werden wir berechtigt sein, in dem Worte „Geist" zusammenzufassen. Freilich wäre dies nicht zulässig, wenn wir mit Hegel unter Geist nur den Geist in der Erscheinungsform des Bewusstseins verstehen wollten, denn das Bewusstsein ist nur das letzte Product des gewordenen Seins, der Culminationspunkt (die Blüthe) der Organisation;*) das Ursprüngliche kann nur unbewusst sein. Wenn wir uns aber ein- für allemal vor der Verwechselung der nachmalig eingegangenen Verbindung der Principien und ihrer unvordenklichen substantiellen Identität, wenn wir uns ebenso vor der Verwechselung des aus ersterer entspriessenden gewordenen Seins, wozu auch die Bewusstseinsform des Geistes gehört, und des ursprünglichen überseienden Seins hüten (was Schelling selbst nicht immer thut), so werden wir unbedenklich auf A³ das Wort Geist anwenden dürfen, da in der wollen könnenden und vorstellenden Substanz Alles gegeben ist, was im Begriff des ursprünglichen (noch unbewussten) Geistes gedacht werden kann. Wir haben also nun 1) Wille, 2) Idee, 3) Geist. Wenn die Philosophie Schopenhauers ein Pantheismus des Willens, die Hegels ein Pantheismus der Idee, so ist die positive Philosophie ein Pantheismus des Geistes. Auch deutet Schelling bei dem A³ auf seine frühere Schrift von der Weltseele zurück und identificirt es ausdrücklich mit dieser (vgl. I. 8, 252).

Wir können es noch von einer andern Seite betrachten, warum wir genöthigt sind, die beiden ersten Principien als Attribute zu setzen. „In ihrer Einheit, d. h. im vollendeten Geist betrachtet, sind alle jene Potenzen nicht mehr als Potenzen eines künftigen Seins, d. h. überhaupt nicht mehr Potenzen, sondern als der Geist selbst, d. h. als immanente Bestimmungen des Geistes selbst. Sie treten in ihn selbst zurück, jetzt ist der Geist das Erste, das Prius (denn er ist nicht zusammengesetzt aus ihnen, — er ist ihre vor- und übermaterielle Einheit; er ist — zwar natürlich nicht der Zeit, aber doch der Natur nach — eher als sie" — „nicht weil sie sind, ist Er, sondern umgekehrt, weil Er

*) „Nicht die Vorstellung selbst, wohl aber das Bewusstsein derselben ist durch die Affection des Organismus bedingt." (I. 3, 497.)

ist, sind sie" — II. 3, 243), „Er ist ihr Prius, wir haben uns ihrer
zwar als Stützen und Unterlagen, wie Plato sich ausdrückt, be-
dient, um zu ihm aufzusteigen, aber nachdem wir ihn erreicht
haben, werfen wir die Leiter hinter uns ab, die Folge unserer Gedanken kehrt sich um: was einen Augenblick das *prius* scheinen
konnte, wird zum *posterius*, und umgekehrt" (II. 3, 241). „Der
Geist ist die Wirklichkeit, die vor jenen Möglichkeiten ist, die
diese Möglichkeiten nicht vor sich, sondern nach sich hat, —
nämlich als Möglichkeit hat er sie nach sich. Denn in ihm
selbst sind sie Wirklichkeiten, Wirklichkeiten nämlich als theil-
nehmend an seiner Wirklichkeit (nicht als selbst wirkliche);
Möglichkeiten, aber nicht seines, sondern eines andern, von
ihm verschiedenen Seins" (des empirischen, gewordenen, zu erklärenden Seins) „sind sie nur, inwiefern sie über ihn hinausgehend
gedacht werden; als Möglichkeiten eines anderen Seins treten sie
erst nach der Hand ... hervor" (II. 3, 243). Diese Möglichkeiten oder Potenzen bestehen nämlich in einer blossen causalen Relation auf etwas Zukünftiges, und es fragt sich, was dieselben vor
der Welt, wo doch dieses Zukünftige noch nicht ist, an sich seien.
„Wir billigten Newtons Wort: *Deus est vox relativa.* Aber daraus
folgt zunächst blos, dass der Name Gott von dem Wesen, welches
er bezeichnet, nur erst auf einem gewissen Standpunkt gebraucht
wird, wo er schon in Relation gedacht wird: aber es folgt
nicht, dass es nicht einen höheren Begriff desselben Wesens
gebe. Gott ist für uns nur Gott, inwiefern er in Relation, als
Schöpfer und Herr der Dinge gedacht wird. Aber eben der Begriff Schöpfer schliesst selbst schon eine Relation in sich.
Gewiss jeder Begriff wird falsch sein, vermöge dessen es unmöglich wäre, Gott als Schöpfer zu denken, aber darum ist der Begriff des Schöpfers nicht selbst schon der höchstmöglichste. Der
höhere Begriff Gottes und daher der höhere Begriff überhaupt
ist nicht der Causalbegriff, wenn er auch als absolute (nichts
ausser sich voraussetzende) Ursache bestimmt wird; denn in der
Ursache an sich, also wenn sie auch absolut ist, liegt immer
schon die Relation. Der höchste Begriff Gottes und demnach der höchste überhaupt wird derjenige sein, durch den er als
absolut Selbstständiges bestimmt wird, d. h. der Substanz-
begriff, wodurch er als ganz in sich seiender, als in sich
zurückgewendeter bestimmt ist" (I. 10, 279). (Man erinnere sich
hier des oben S. 103—7 Gesagten über die Aehnlichkeit des Höch-

sten in Gott mit dem Nichts.) „Wenn sie nicht als Potenzen,
als Möglichkeiten eines andern Seins, eines Scins ausser ihm
...., und da dieses nur als ein werdendes gedacht werden kann,
so können wir auch sagen, da sie nicht mehr als Potenzen eines
Werdens in ihm" (als dem ganz in sich seienden) „sind, so können sie nur noch als Bestimmungen eines Seins in ihm sein,
und zwar nur als Bestimmungen eines gegenwärtigen, also seines
eigenen Seins, sie können in ihm nur als eine immanente (auf
ihn selbst sich beziehende), nicht als transitive (auf etwas ausser ihn sich beziehende) Bestimmungen sein" (I. 10, 286). Als
auf ihn selbst sich beziehende Bestimmungen aber werden sie
Attribute genannt. Nur die die Möglichkeit des gewordenen
Seins in sich tragenden Principien können Attribut werden, nicht
dieses gewordene Sein selbst (vgl. II. 1, 315. Z. 9—8 von unten).
Dieses aus der nachmaligen Verbindung der Principien entspring-
gende Sein ist nur Erscheinungsform, Daseinsweise des Absoluten
oder der Substanz, ist nach Spinozas Ausdruck *modus*.

Sobald man das Verhältniss der Substanz, der Attribute, und
des gewordenen Seins versteht, versteht man auch, wie Gott Einzelwesen und allgemeines Wesen zugleich ist. Man kann sich
nämlich nicht damit begnügen, Gott oder das Seiende selbst (αὐτὸ
τὸ ὄν — II. 2, 25) blos als Eines von beiden gelten zu lassen.
Er kann nicht blosses Einzelwesen sein (wie ihn die Wolfsche
Metaphysik fasst), denn es ist ja kein Sein ausser ihm *(penes quem
solum est esse* — II. 2, 60), und doch bietet uns die Erfahrung so
mannigfaltiges Sein dar; auch gäbe es von einem blossen Einzelwesen keine Wissenschaft (ἡ ἐπιστήμη τοῦ καθόλου), und würde ein
solcher Gott dem Gefühl fremd und jenseitig gegenüberstehen, da
er es nicht mit seinem Sein durchdringen könnte (II. 1, 273). Gott
kann aber auch nicht bloss allgemeines Wesen sein (wie ihn Hegel
und Schopenhauer fassen), denn als solches wäre er zwar Inbegriff
aller Möglichkeiten, könnte aber nicht zur Existenz ausserhalb der
Idee in die Wirklichkeit gelangen, da ein Allgemeines immer nur
an und in dem Individuellen sein kann; existiren kann das allgemeine Wesen nur, wenn das absolute Einzelwesen es ist (II. 1,
585—6). Mithin muss Gott beides sein: sowohl das absolute
Einzelwesen als das allgemeine Wesen. Er ist einerseits das vollendet Seiende, τὸ παντελῶς ὄν, dem nichts fehlt, was zum Sein
gehört (II. 1, 273); zugleich ist er aber andererseits auch das
ἁπλῶς ὄν, ein Selbstseiendes, Eines, dessen einfache Existenz ebenso

jedem Wollen wie jedem Begriff zuvorkommt (II. 1, 580), individuelle Substanz. „Damit ist es erkannt und unterschieden
von andern Einzelwesen, als das Einzelwesen, das alles ist."
(II. 3, 174.) Wir werden diese Doppelheit von Allheit und Einheit
jetzt so verstehen: als Substanz, als ganz in sich seiender, von
Relationen ab- und in sich zurückgewendeter, ist Gott selbstseiendes Einzelwesen; dagegen als der die Potenzen seiende ist er
das allgemeine Wesen, welches in den Principien „Willen und
Vorstellung" alles, auch das aus diesen gewordene Sein (als Weltseele) ist. Weil in den zwei Principien nichts Individuelles ist,
·weil sie eben nur Allgemeinheiten sind, darum konnten Hegel und
Schopenhauer, die sich mit je einem derselben begnügten, nicht
zu einem Gott als Einzelwesen gelangen.

Die Principien in Spannung.

Wir gehen nunmehr zu der Betrachtung der Principien in
Spannung (Potenzen) über, wie sich dieselben verhalten, nachdem
durch Erhebung des Seinkönnenden zum Sein, des Willens zum
Wollen, die bisherige Ruhe unterbrochen ist. Ich werde mich hier
kürzer fassen, einerseits weil die Hauptpunkte schon oben berichtet
sind, und andrerseits, weil ich bei tieferem Eingehen der Kritik
einen übermässigen Platz einräumen müsste, da die aus theosophi-
scher Richtung entspringenden unphilosophischen Behauptungen
immer mehr und mehr in den Vordergrund treten.

Ich habe oben dargethan, dass der Wille absolut frei ist, sich
zum Wollen zu erheben oder nicht. Die absolute Freiheit ist aber
gleich dem absoluten Zufall. Somit werden wir jenes vorzeitliche
Verhängniss auch den Urzufall nennen können. „Das Wollen,
das für uns der Anfang einer andern ausser der Idee gesetzten
Welt ist, ist ein rein sich selbst entspringendes .... man kann
von ihm nur sagen, dass es ist, nicht dass es Ist, nicht dass es
nothwendig ist; in diesem Sinne ist es das Urzufällige, der
Urzufall selbst, wobei ein grosser Unterschied zu machen zwischen dem Zufälligen, das durch ein anderes ist, und dem
durch sich selbst Zufälligen, welches keine Ursache hat ausser
sich selbst, und von dem erst alles andere Zufällige sich ableitet"
(II. 1, 464). Allerdings gilt das an dieser Stelle und in II. 2, 153
Gesagte nicht von jenem Princip, — A, sondern von dem vorge-

schichtlichen Urmenschen*) und dessen Urbewusstsein; indessen hat es nicht nur bloss in Bezug auf ersteres einen Sinn**), sondern hat auch Schelling selbst in I. 10, 101 ganz dieselbe Wendung auf den wirklichen ersten Anfang des Processes angewendet. Diese Anerkennung des Zufälligen ist natürlich im Widerspruch mit der schon oben gerügten Ableugnung der vollen Freiheit dieser Erhebung, und bestätigt somit meine obige Kritik dieser Inconsequenz. Nun geht aber Schellings Inconsequenz noch weiter. Sein theologisches Gewissen sträubt sich nämlich letzten Endes doch dagegen, den ganzen Process als eine Quälerei ansehen zu müssen, die Gott vollständig erspart geblieben wäre, wenn das Seinkönnende von seiner Freiheit nicht im positiven Sinne Gebrauch gemacht hätte. Aus diesem Grunde fängt Schelling in der Philosophie der Offenbarung an, nach einem Motiv der Erhebung (vergl. II. 3, 272 Z. 9—7 von unten) zu suchen, welches, wenn es vorhanden wäre, natürlich die Freiheit und den Zufall wieder aufhöbe. Zunächst sucht er die ihm unbequeme Wahrheit zu leugnen, dass das alles seiende Einzelwesen in einer Welt der Qual selbst das Gequälte ist, damit es nämlich in Bezug auf sich wenigstens „gleichgültig" sein könne „gegen die zwei Möglichkeiten, in dem ursprünglichen — spannungslosen — Sein zu bleiben, oder in jenes gespannte und in sich selbst conträre Sein hervorzutreten" (II. 3, 269). Diese Annahme beruht auf einem ganz durchsichtigen Sophisma. Freilich: „Er selbst wird dadurch nicht verändert, es ist nur eine andere Form der Existenz, denn er existirt in der Spannung ebenso wohl, nur auf andere Weise, als in der" (ruhigen) „Einheit" (II. 3, 269). Sehr wahr; aber Seligkeit und Qual sind eben auch nur verschiedene Weisen der Existenz, wenn also in der Ruhe die Seligkeit, in der Spannung die Qual wohnt, so hat er ein sehr entschiedenes Motiv, nichts weniger als „absolut gleichgültig gegen die zwei Möglichkeiten zu sein". Wenn also nun noch ein Motiv

---

*) Dieser mit Gott noch in unmittelbarem Rapport stehende Urmensch entspricht dem Adam im Paradiese bei Jakob Böhme. Von seinem unmittelbaren Gottwissen sollen sich alle späteren mythologisch-religiösen Anschauungen der gefallenen Menschheit vor der christlichen Offenbarung als zerstückelte und verdunkelte Reminiscenzen ableiten. Dergleichen kann man heute glücklicherweise ohne Randbemerkungen berichten.

**) Denn „das Wollen, das für uns der Anfang einer ausser der Idee gesetzten Welt ist", kann eben gar kein anderes sein, als das Urwollen, das „über sich selbst hinausgehende Seinkönnen" (vergl. II. 3, 69, Zeile 11—15).

für das Eintreten in die Spannung gefunden werden sollte, so müsste es so stark sein, dass es das Gegenmotiv, die Aussicht der Qual, überwiegt. Die Annahme, dass Gott nur um sein unmittelbares Sein (seinen *actus purissimus*) als ein durch Process vermitteltes zu setzen, aus sich herausgehe, weist Schelling selbst zurück, da ein solches Unternehmen resultatlos sein würde, d. h. weil das Ende des Processes als vermitteltes nicht im Geringsten anders sein würde als der unmittelbare Zustand vor dem Anfang; — „ob mittelbar oder unmittelbar, ist für ihn gleichviel" (II. 3, 271). Wenn die Sache dieselbe ist, was kommt da auf die Antecedenzien an. Was er ebenda S. 273—4 von der Anfang und Ende nicht finden könnenden und deshalb rotatorischen Bewegung sagt, aus der er durch die Spannung heraustritt, ist einfach falsch, da in dem spannungslosen Gott weder eine rotatorische, noch sonst eine Bewegung, sondern eben Ruhe ist. So bleibt nur noch Eins übrig: „das eigentliche Motiv könnte nur in etwas liegen, das ohne jenen vermittelten Actus, d. h. ohne jenen Process, der durch die gegenseitige Spannung der Potenzen entsteht, gar nicht sein könnte". (Sehr richtig!) „Ein solches ... könnte ... nur die Creatur sein. Das wahre Motiv des Herausgehens wäre also die Schöpfung", als Inbegriff des Geschaffenen genommen (II. 3, 277—8). Gewiss, wenn es ein Motiv giebt, kann es nur in dem zu Schaffenden liegen. Liegt also in der Creatur kein Motiv, so giebt es keines. Welches Motiv kann nun aber in der Creatur liegen? Hören wir weiter! „Nur auf diese und keine andere Weise ... konnte er ein Bewusstsein seiner selbst ausser sich" (?) „setzen, und wenn selbst der edlere menschliche Geist sich nicht begnügt, für sich selbst zu sein, was er ist, sondern ein natürliches Verlangen empfindet, als das, was er ist, auch erkannt zu werden, wie viel mehr darf ein solches Bedürfniss — das einzige in der sonst nichts bedürfenden Gottheit — ein Anderes von sich zu setzen und es in das Erkennende von sich zu verwandeln, wie vielmehr darf dieses in den höchsten Geist vorausgesetzt werden" (II. 3, 304). Wenn der Mensch ein solches Bedürfniss hat, so ist es entweder zur Ergänzung seiner Schwäche (was auf Gott nicht passt), oder um schon vorhandenen Anderen zu nützen (was auch auf Gott nicht passt, weil es sich eben erst um die Erschaffung Anderer handelt, und zwar solcher, die doch bloss zum Elend bestimmt sind), oder endlich, und das ist das Gewöhnliche, es ist gemeine Eitelkeit. Bei Gott würde es ein *non plus ultra* der

Eitelkeit sein, elende Wesen zu schaffen, nur um ein (nicht aus Ueberzeugung, sondern aus heuchlerischer Angst vor seinem Zorn) applaudirendes und „seinen Namen preisendes" Publikum für seine Herrlichkeit zu haben. So etwas bekommt nur die jüdische Religion fertig. Man sieht demnach, es giebt kein Motiv. Gäbe es eins, so würde die ganze Principienlehre wieder zweifelhaft, da wesentlich das Elend und die Unvernunft des Daseins eine absolut blinde, von keinem Lichtblick der Vernunft, Idee, oder Vorstellung erleuchtete, also aus einer absoluten Freiheit, einem reinen Urzufall hervorgehende Entscheidung, und damit den Willen als ein unvernünftig blindes Princip des Zufalls forderte.

„Es ist einleuchtend, dass jener Wille, wenn er sich einmal erhoben, einmal entzündet hat, nicht mehr sich selbst" (als Potenz) „gleich ist. Er ist nicht mehr, was sein und nicht sein kann, sondern was sein und nicht sein konnte. Ein grösserer Umsturz lässt sich nicht denken, Alles, von dem wir sagen, dass es sein und nicht sein konnte, ist nur ein zufällig Seiendes, aber eben dem zufällig Seienden wird sein Sein zur Nothwendigkeit, d. h. es ist das nicht mehr nicht sein Könnende, und in diesem Sinn also das nothwendig Seiende. Wie der Mensch ein anderer ist vor der That, gegen die er sich noch frei verhält, und nach vollbrachter That, wo diese für ihn selbst zur Nothwendigkeit wird, sich gegen ihn umwendet, und nun ihn sich unterwirft, so ist das unmittelbar Seinkönnende im Sein nicht mehr ... das vom Sein freie, Seinlose Wesen, sondern es ist das mit dem Sein gleichsam Geschlagene und Behaftete, das ausser sich, nämlich ausser seinem Können Gesetzte" (ἐξιστάμενον) „das sich selbst gleichsam verloren hat, und nicht mehr" (von selber) „in sich selbst zurückkann ... es heisst hier: *facilis descensus Averni, sed revocare gradum* — das eben wäre ihm unmöglich" (II. 3, 208 — 9). Freilich wenn ihm selbst und von selber die Rückkehr unmöglich ist, so kann sie ihm vermittelt werden, so dass es nach Schluss des Weltprocesses, wenn es wieder das Seinkönnende, wieder reines seinloses Wesen geworden ist, auch von Neuem die Entscheidung frei hat.*)

*) Dieses nothwendig und blindlings Seiende, ausser sich (als — A) gerathene, nennt Schelling B. Die Umwendung des A in B, die zugleich Umwendung des Einen zum All *(uni versio in universum)* ist, kann in der negativen Philosophie nur hypothetischer Weise besprochen werden. „Wir sagen nicht, das — A er-

Schon oben haben wir gesehen, dass der aus sich als Potenz herausgesetzte Wille zunächst nur ein leeres Wollen oder wollen-Wollen ist, das erst wirkliches Wollen wird (zum wirklichen Sein gelangt), wenn es die Idee als Object (Gegenstand) erfasst hat, welchen es wollen könne. Die Idee hat aber keinen Grund, sich nicht ergreifen zu lassen, denn sie hat für sich kein Interesse am Sein oder nicht Sein; sie hat auch keine Macht, dem sie ergreifenden Willen Widerstand zu leisten, denn das einzige Widerstandsfähige ist· der Wille, der ihr fehlt; sie ist kraftlos. Schelling nennt ihre Verfassung „die überfliessende Güte eines sich gleichsam nicht versagen könnenden Wesens". Ihr Sich-Hingeben an den Willen ist also in der That reine Passivität, ein widerstandslos mit sich geschehen Lassen. Dass der Wille als leeres Wollen grade sie erfasst, ist nicht so sehr zu verwundern, da weiter nichts ist, was er erfassen könnte. Dass er aber im Stande ist, sie zu erfassen, wird aus der substantiellen Identität beider begreiflich (vergl. II. 2, 87 Z. 13—17), wonach sie nicht ausser einander Seiende sind, sondern dasselbe, welches das Eine ist, auch das andre ist.

Nun begnügt sich aber die Idee nicht damit, sich hinzugeben, sondern sie weiss den Willen von der Unseligkeit seines Wollens durch die Art und Weise, wie sie den Process leitet, zu erlösen, sie giebt dem Blinden, der ja doch nicht weiss, was er hat, einen solchen Inhalt, dass er zum glücklichen Ziele führt. Hierzu muss sie zunächst aus ihrer Geschlossenheit heraustreten, sich in den logischen Process begeben, d. h. in die Vielheit ihrer Momente sich dadurch zerlegen, dass sie den Willen immer mit dem erfüllt, was in jedem Moment des Processes erspriesslich ist. Somit ist in der That, wie schon Plato weiss, das ἄπειρον die Voraussetzung der Vielheit der Ideen (II. 1, 392). Indem das B nunmehr diese Vielheit von Ideen ergreift, zersplittert es sich ebenfalls, hört auf ein Seiendes zu sein und schliesst sich „in eine Reihe von Seienden — ein System von unendlichen Existenzen" — auf (I. 10, 312). Nun ist aber die Frage, wie kommt die Idee dazu, den Process so zu leiten, dass er zur Ueberwindung des B

hebt sich aus seiner Negativität, damit die Welt ausser der Idee entstehe, sondern: wenn eine Welt ausser der Idee gedacht wird, so kann sie nur auf diese Weise . . . . . gedacht werden" (I. 10, 306—7, vergl. II. 387—8). Erst in der positiven Philosophie wird die Erhebung als wirklich geschehen behauptet.

führt. Schelling beantwortet dies so: Indem das — A sich in B umwendet, wird + A, das bisher *actus purus* war, zur Potenz erhoben (vergl. II. 2, 85 u. 87; II. 3, 265—6, 278—9; II. 1, 389; ich muss mich ausser Stande bekennen, zu begreifen, warum dies geschehen muss, und wie es möglich ist, die Natur eines Princips so umzukehren); „aber eben diese Erhöhung in Selbstheit wird dem seiner Natur nach Selbstlosen unleidlich" (II. 1, 289), und treibt es zu dem Bestreben, sich wieder in seine Natur zurückzuführen (II. 2, 86), d. h. sich „zum rein Seienden wieder herzustellen; .... es kann nunmehr seiner Natur nach gar nichts anderes sein, als der Wille, seinen Gegensatz zu überwinden" (II. 3, 266). — Hier erscheint also + A als ein egoistischer Wille, der aus Selbstsucht das B zu überwinden strebt. Dies widerspricht aber der Natur dieses Princips. Plato weiss es besser, dass es nicht durch Kraft überwindet, sondern durch Ueberredung leitet, also durch Klugheit und List das Blinde regiert; und nimmermehr kann bei einem interesselosen Wesen das Motiv ein selbstsüchtiges sein. Meiner Meinung nach kann das Motiv nur ein logisches sein, wie die ganze Bewegung der Idee keinen Willen, sondern nur das Logische selbst zur Triebfeder hat (vergl. II. 1, 375). Das logische Motiv liegt aber wahrlich nahe genug, denn was kann antilogischer sein, als, wie das blinde, leere Wollen thut, zu seiner Qual zu wüthen und die Zähne in sein eigen Fleisch zu schlagen. Die Anschauung einer solchen Unvernunft, oder vielmehr Vernunftwidrigkeit, muss die Vernunft zur logischen Reaction bringen, zumal wenn man immer die substantielle Identität beider im Auge behält. Allerdings ist ein „Quietiv" in Schopenhauers Sinne ein Unding, denn „selbst Gott .... kann den Willen nicht anders als durch ihn selbst besiegen" (II. 3, 206), aber dazu gehört nicht, dass das Princip als Princip aufgehoben werde, indem ein anderer Wille ausser ihm gesetzt wird, sondern nur dass das Wollen in sich gespalten und die Theile so gegen einander gerichtet werden, dass sie sich gegenseitig vernichten (ein Ereigniss, das uns beim Kampfe der Begehrungen auf individuellem Gebiet fortwährend begegnet und welches eben nur auf dem Standpunkte des Bewusstseins möglich ist, weil in ihm allein die Vorstellung eine Selbstständigkeit und Unabhängigkeit vom Willen erringt, welche ihr erlaubt, denselben nach ihren Zwecken zu motiviren, während sie im unbewussten Zustande nur nach Maassgabe, als sie gewollt ist, am Sein theil-

nehmen kann — vergl. I. 10, 309 Z. 10−9 v. unten). Wie die
völlige Selbstvernichtung des Wollens möglich sei, zu betrachten,
würde hier zu weit führen; ich will nur hinzufügen, dass im Bewusstsein die Idee allerdings eine Potenz (positive Macht) erhalten zu haben scheint, dennoch ist dies nur scheinbar, denn
alle Macht, die sie aufwendet, ist Wille, den sie sich durch die
List der Motivation dienstbar gemacht hat. Ich habe dies nur
deshalb so weit ausgeführt, um an einem Beispiel zu zeigen, wie
viel natürlicher und einfacher sich die Verhältnisse gestalten, wenn
man von Schellings wahren Principien aus consequent weiter denkt.

Schelling nimmt nun ferner an, dass das B von dem + A mit
einem Schlage, in einem Nu überwunden werden würde, wenn letz-
teres freies Spiel hätte. Diese Annahme ist durch nichts begründet, selbst dann nicht, wenn man dem + A einen besonderen
Willen zugestände. Da es aber entschieden willenlos ist, nur durch
List und Ueberredung wirken kann und zum Behuf der Ueberwindung des Wollens den Standpunkt eines ziemlich hoch ent-
wickelten Bewusstseins erringen muss, so ist schon daraus im
Gegentheil zu entnehmen, dass es eines Processes und zwar eines
langwierigen Processes bedarf, dessen letztes Resultat erst jene
Ueberwindung ist. Schelling folgert aus seiner verkehrten Annahme
weiter, dass es eines Dritten bedürfe, um die Ueberwindung im
Nu zu verhindern und zur stufenweisen, successiven zu machen.
Diese Folgerung ist ebenso falsch wie die Voraussetzung; denn
wäre es möglich, dass B mit einem Schlage überwunden würde,
so wäre das Ziel ja erreicht, um dessenwillen einzig und allein
der Process angestrengt werden sollte, so dass es eine nutzlose
und vernunftwidrige Verlängerung der Qual wäre, wenn
nun trotzdem durch ihn dasjenige langsam erreicht werden sollte,
was ohne ihn schnell erreicht werden kann. Schelling behauptet
ferner, dass dieses moderirende Element, welches die Ueberwindung zur successiven macht, nichts anders als A³ sei, welches nunmehr das zweckmässig und mit Absicht Wirkende sei und
nach dessen Willen jedes Werdende auf einer gewissen Stufe
erhalten wird. Dies ist wiederum unmöglich. A³ ist, wie wir
wissen, die substantielle Identität oder die identische Substanz in
A¹ und A²; es hat also allerdings einen Willen,*) aber dieser

---

*) Der Grund, weshalb Schelling dem A³ einen besonderen und eigenen
Willen andichtet, ist derselbe, wie vorher bei A², um es nämlich in der christlichen Dreieinigkeit zur Person machen zu können. In Böhme hat er auch zu
dieser principlosen Multiplication der Willen sein Vorbild gefunden.

ist eben A ^{1}; es hat auch Vorstellung, mit der es Absichten he-
gen und Zwecke setzen kann, aber diese ist eben A ^{2}. Indem
A ^{2} seine List anwendet, um den blinden Willen mit einem solchen
Inhalt zu erfüllen, der ihn schliesslich in sich selbst spaltet und
vernichtet, beweist es ja schon zweckmässige Absicht; wie kann
man da sagen, dass diese erst im Dritten sich einstelle? (Vergl.
über den Antheil von A ^{3} am Ueberwindungsprocess, II. 1, 396—7;
II. 2, 116—7; II. 3, 286—9). Da A ^{3} das Ziel, Muster, *exemplar*,
des ganzen Processes sein soll (was nur wahr ist, wenn man es
als ruhende, nicht als thätige Substanz fasst, — und doch ist
es beides —) so soll es ebenfalls zur Potenz werden, nämlich zur
Potenz seiner eigenen Wiederherstellung, und dies ist der Grund,
dass Schelling von drei Potenzen sprechen kann, welchen Ausdruck er häufiger als Principien (ἀρχαί) setzt, obwohl das letztere
bezeichnender ist und sie keinen Falls vor dem Processe als Potenzen sind (vgl. II. 2, 113—14). Der übel gewählte Ausdruck,
der noch dazu auf der falschen Annahme ruht, dass A ^{2} und A ^{3}
jemals Potenzen werden könnten, hat der Sache selbst viel ge-
schadet.

Ich schliesse hiermit die Betrachtung der positiven Philosophie,
da mit dem bisher angedeuteten Inhalt nach meiner Ansicht der
philosophische Gehalt derselben im Wesentlichen erschöpft ist,
und ein weiteres Verfolgen der Schelling'schen Auseinandersetzun-
gen mich nur zu einer immer unerquicklicher werdenden Polemik
nöthigen würde. Ich habe kein System in Aussicht gestellt, sondern nur einen Standpunkt, und zwar einen Standpunkt, welcher den Hegels und Schopenhauers, der polarisch entgegengesetz-
ten Spitzen der bisherigen Entwickelung, vereinigt; — dies Ver-
sprechen glaube ich erfüllt zu haben.

Philosophische Aufgaben der Gegenwart.

Wenn es wahr ist, dass Vernunft in der historischen Entwickelung der Philosophie herrscht, so wird die Philosophie der Gegenwart nicht umhin können, diesen Standpunkt zu dem ihrigen zu
machen und ihm die systematische Ausführung zu geben, die ihm
noch fehlt, — eine Forderung, vor deren Erfüllung schwerlich über
den Standpunkt hinausgegangen werden dürfte. Es handelt sich
also darum, die beiden gleichberechtigten Principien Wille und
Idee (oder Vorstellung), welche als Attribute von einer in ihnen identischen individuellen Substanz getragen werden, in

allem empirisch gegebenen Sein als die Elemente desselben, und zwar als die einzigen Elemente desselben, nachzuweisen. Dieser Nachweis muss vom empirisch Gegebenen und zu Erklärenden, als dem Bekannten ausgehen und inductiv allmählich zu Unbekannterem aufsteigen, er muss also Empirismus sein, als welcher allein reale Wissenschaft liefert, zwar rationaler Empirismus, aber darum nicht reiner Rationalismus. So wird diese Philosophie sich mit den unsere Zeit beherrschenden Naturwissenschaften und Geschichte auf gleichen Boden stellen, wird real gleich den ersteren und historisch gleich der letzteren sein, statt wie bisher bloss logisch zu sein.

Zweierlei ist es, was in einem solchen Geistespantheismus dem natürlichen Bewusstsein Schwierigkeiten macht, einerseits die Auflehnung der gefühlten Individualität gegen jede All-Einheits-Lehre, und zweitens die Unverständlichkeit, wie das materielle Dasein aus geistigen Principien bestehen könne.

In ersterer Beziehung ist eine Untersuchung des Wesens der Individualität nothwendig, welche vermittelst einer Scheidung des Bewusstseins vom Unbewussten zeigen muss, dass nur der Organismus und die aus diesem folgende Einheit des Bewusstseins diese Individualität begründen, so dass dieselbe gleich ihren sie erzeugenden Factoren nur zur vorübergehenden Erscheinung gehört, während die unvergängliche Substanz des Individuums, sein unbewusster Hintergrund, von der Individualität nicht betroffen wird, als insofern der all-eine unbewusste Geist selbst absolutes Einzelwesen, Individuum, (d. h. ein wesentlich Untheilbares) ist.

Dieselbe Sonderung des Bewusstseins vom Unbewussten wird auch die Haupt-Schwierigkeit bei dem zweiten Puncte verschwinden lassen. Freilich wird das Unbewusste selbst nach Existenz, Wesen und Bedeutung auf unorganischem, organischem und bewusst-geistigem Gebiet erst eines gründlichen und umfassenden Nachweises bedürfen, um nur erst mit diesem bis jetzt fast unbekannten Gedanken vertraut zu machen; dann aber werden die unbewusstgeistigen Principien eine Menge bisher umgangener oder streitiger Probleme lösen. Es wird durch diese Unterscheidung der Materialismus auf bewusst-geistigem Gebiete in sein volles Recht eingesetzt, während die weder leben noch sterben könnende Lebenskraft mit ihren verschiedenartigen Aeusserungen sich als unbewusst-psychischer Einfluss auf die organischen

Functionen enthüllt, und die Materie selbst sich in eine Anzahl von Willensäusserungen (Kräfte) des Einen unräumlichen Willens auflöst, deren jede sich auf einen bestimmten räumlichen Punct bezieht (dynamischer Atomismus). Es wird ferner das zur vorübergehenden Erscheinung herabgesetzte Bewusstsein eine Erklärung seines Entstehens aus den unbewussten Factoren und eine gründliche Untersuchung über seine Bedeutung im Weltprocess und die Möglichkeit der Willensumwendung als Endziel desselben erheischen. Endlich wird es, um Anfang und Ende, Ursache und Ziel des Weltprocesses und die Bedeutung des Bewusstseins in demselben zu verstehen, eine Hauptaufgabe sein, sich über den Werth oder Unwerth dieses Processes als solchen und des Verhältnisses von Lust und Schmerz in demselben schlüssig zu machen, und den Optimismus (insofern er nur die Bestmöglichkeit dieser Welt von allen möglichen Welten behauptet) mit dem wissenschaftlich zu beweisenden Pessimismus (der keine Welt dieser Welt vorzieht) zu vereinigen. Beim Beweise des Pessimismus wird besonders die Bedeutung der Illusion berücksichtigt werden müssen, welche für das Gefühl der Wahrheit gleich steht, und welche Schopenhauer (zu seinem Gunsten) gänzlich vernachlässigt. *)

*) Insofern ich versucht habe, der Lösung aller dieser Aufgaben näher zu treten, sei es mir vergönnt, den geneigten Leser hiermit auf meine „Philosophie des Unbewussten“ (Berlin, C. Duncker’s Verlag 1869) hinzuweisen.

——••••——